gauchismo líquido

Clarissa Ferreira

gauchismo líquido

Reflexões contemporâneas sobre a cultura do Rio Grande do Sul

coragem

Porto Alegre, RS
2024

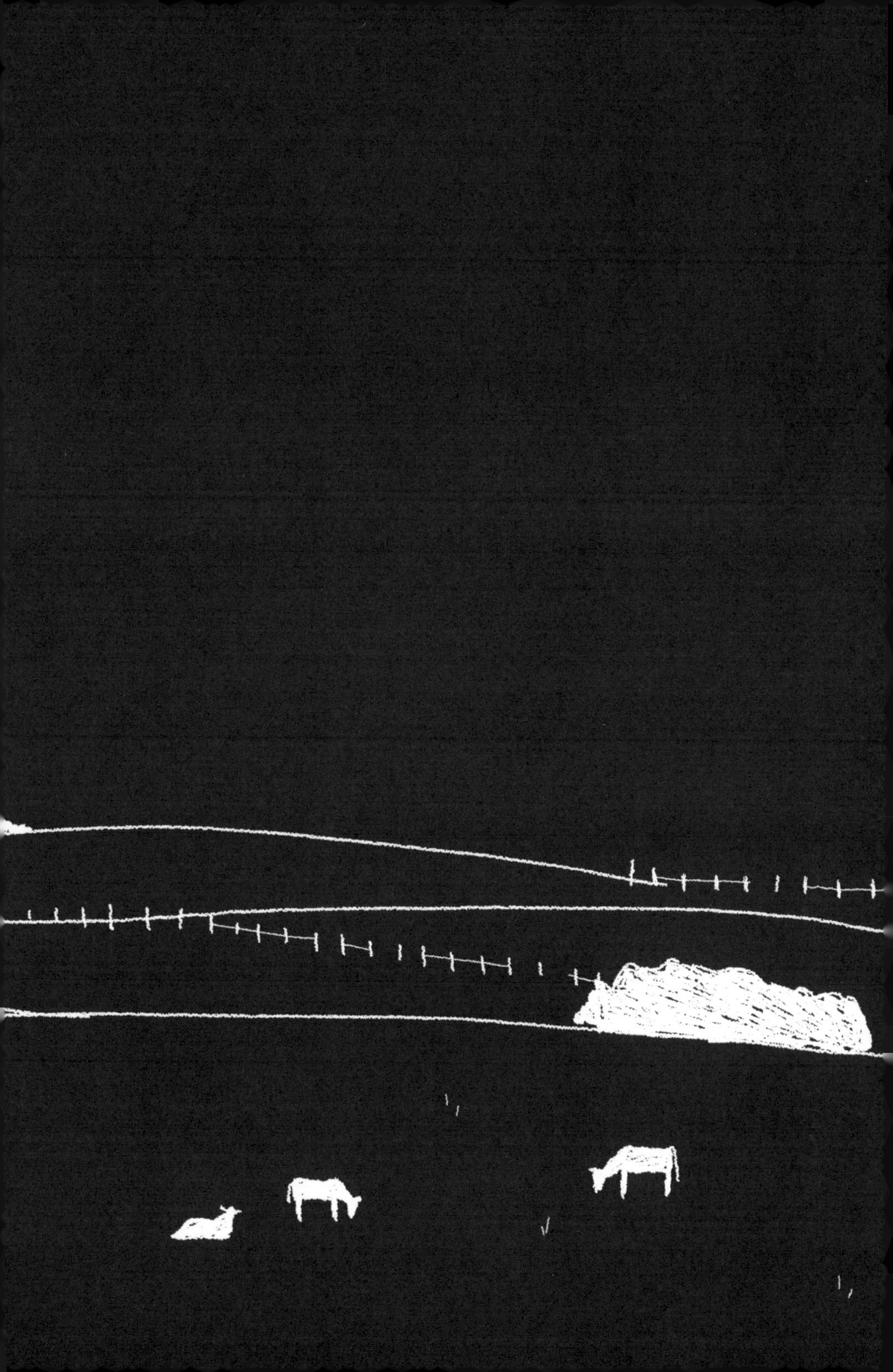

www.editoracoragem.com.br
contato@editoracoragem.com.br
(51) 98014.2709

Produção editorial: Thomás Vieira.
Preparação de texto: Luise Fialho.
Ilustrações: Clara Trevisan.

1ª edição: primavera de 2021.
2ª edição: outono de 2023.

Porto Alegre, Rio Grande do Sul.

Dados Internacionais de Catalogação na Publicação (CIP)

F383g Ferreira, Clarissa
Gauchismo líquido : reflexões contemporâneas sobre a cultura do Rio Grande do Sul / Clarissa Ferreira; ilustrações: Clara Trevisan. – Porto Alegre: Coragem, 2023.
176 p.

ISBN: 978-65-991143-9-7.

1. Rio Grande do Sul – Cultura popular. 2. Rio Grande do Sul – Aspectos sociais. 3. Cultura popular – Sociologia. 4. Cultura gaúcha. 5. Música – Rio Grande do Sul. 6. Cultura – Rio Grande do Sul. 7. Gauchismo – Identidade regional. 8. Gauchismo – Territorialidade. 9. Machismo – Música – Rio Grande do Sul. I. Título.

CDU: 316.723
CDD: 306.4

Bibliotecária responsável: Jacira Gil Bernardes – CRB 10/463

SUMÁRIO

Uma pampa inundada entre líquidos, rumores e murmúrios . . 13
por Juliana Flor

Prefácio 21

O verdadeiro sangue gaúcho 33

Como a música gaúcha perdeu a oportunidade de ser o gênero mais ouvido do Brasil? 41

Tradicionalismo, tá na hora de sair do armário! 57

O hino rio-grandense é racista? 63

– Uma rabequista! 69

Berenice Azambuja: transgressão e hibridismo 77

Folclore e autoritarismo 85

Mulheres no Rio Grande do Sul 99

A elas o charco lodoso do Manantial? 107

Nem chinoca, nem flor, nem morocha: sobre o machismo na

música gaúcha 109

Até quando só eu lírico masculino? 121

Se se cala o cantor, para que serve a música? 131

Identidade gaúcha e indústria cultural 137

Sobre tomar mate.. 147

Mãe de pet 149

Uma pós-graduação em cultura brasileira contemporânea .. 153

O modus operandi do ser artístico 157

Como reativar a confiança 163

Posfácio 167

Uma pampa inundada entre líquidos, rumores e murmúrios

por Juliana Flor, poeta e antropóloga.

Aqui estou, desde essa pampa gáucha[1] e líquida. Faz sol nesta tarde de outubro primaveril, esse primaveril ainda pandêmico, mas que não espanta a poesia que sobrevive entre nosostras, a rebeldia da palavra que persiste e se faz ecoar, volar, crescer e multiplicar, sendo voz plural e fêmea que canta e grita nestes pagos.

Mas afinal, quem sou nesta seara de murmúrios, de rumores e líquidos? Quem somos nós? Soy poeta! E diante de ustedes digo, soy poeta da/na frontera, fêmea nesta terra e neste mundo, e é com esse olhar que ando por aí, caçando fantasmas, sacando coisas, sentindo no más, desde os pés até o coração.

Dizer isso é situar de onde falo e, principalmente, da maneira que sinto e leio. No caso, como me chegou o livro *Gauchismo Líquido*, da minha querida amiga Clarissa Ferreira, ou Cla, que pode ser uma clave de sol a nos iluminar as vistas e a fronte, fazen-

1 A palavra gáucha, com acento, ao invés de *gaucha*, sem acento e em itálico, é a maneira de expressar a linguagem com a qual escrevo, uma mistura do pretuguês (conceito de Lélia Gonzalez) e do espanhol (oriundo das trocas culturais entre os viventes da fronteira Jaguarão–Rio Branco).

do mergulhar em seu universo entre o riso, a anedota e a crítica, com humor e coragem de expor aquilo que ela pensa, como se estivesse rasgando bucho do céu com sua faca de desaprender a língua gaúcha, lançando um horizonte reflexivo e plural.

Agora calço minhas botas de andarilhar, ou quiçá de navegante, para dizer da alegria em receber os primeiros escritos. Não somente porque eles são importantes para a constituição de uma nova mirada sobre nossos mitos, histórias e músicas, mas também pela beleza de termos a oportunidade de vivenciar coisas novas.

Quando conheci Clarissa, com seus longos cabelos dourados, ou talvez endiabrados tais quais as ondas do mar que senti bater nos meus braços, lá em Punta del Diablo, nosso encantamento foi quase instantâneo! Lembro de estar no finalzinho da graduação em História e pesquisando sobre sambas e carnavais. Que tempos memoráveis!

Era tão bom chegar nas aulas do professor Mário Maia, com aquela empolgação e alegria que ele nos transmitia, e assim charlar com as colegas que no final se converteram em amigas. Uma dessas foi a Clarissa. Vi desde o princípio a artista, sua vivaz alma de palco, de público, de algariamento com tudo que se dizia multidão.

Aos poucos, não tão tardiamente, foi se desvelando para mim a sua inquietação diante das coisas desta vida, especialmente no que dizia respeito às mulheres dentro de nossa estrutura patriarcal gaúcha e toda simbologia implicada nessa palavra, saída dos campos e dos andarilhos, do chusmeirio, das gentes várias deste chão.

Assim, percorrendo as lonjuras deste território, saída da Rainha da Fronteira, apeou da sua égua imaginária, tornando-se uma gáucha a pé, descendo até os rincões cibernéticos e citadinos, com seu violino violeta a tiracolo, onde ela começou a pendurar as penas que encontrou por diante: das descobertas de si mesma, do corpo complexo feminino, aos desencantos e as paixões, era sempre tão bom ouvir sobre as paixões de Clarissa!

E "volando voy, volando vengo" Clarissa foi lejos para descobrir, ou mesmo redescobrir – "numa brincadeira de roda" –, os processos de objetificação e coisificação dessa mulher sulina cantada e recantada nas músicas tradicionalistas, da prenda prendada e submissa, desejada por todos por ser mansa – porque, afinal, "uma mulher boa é uma mulher limpa e se ela é uma mulher limpa ela é uma mulher boa", nos disse, com sua ironia, a poeta Angélica Freitas – e definitivamente essa mulher não é a nossa gáucha cibernética!

Penso então em duas imagens que aparecem no livro, e quem sabe sejam sua alegoria mais forte ou ao menos provocativa: a Teiniaguá e a Berenice Azambuja. Ambas estão numa linha tênue e são partícipes da legião de mulheres que estão ligadas pelo laço do enfrentamento, do desaforo, causando uma fratura no ciclo dos recalques masculinos e heteronormativos que se instalaram em nosso Estado.

Ao pensar em Teiniaguá, ou a Salamanca do Jarau, coloquei para tocar uma música de Warda Al-Jazairia, uma cantora argelina muito popular. Sentir o som, mesmo sem compreender a letra, ajudou-me a pensar sobre essa figura mítica – ou nem tanto – da mulher meio cobra, lagarta, essa "mulher braba" lá do poema de Angélica, vivendo nesse habitat tão inóspito para alguns, porém tão conhecido de nós mulheres: as águas que vazam, tal qual o sangue que nos escorre. A Salamanca em seu Jarau é dona de si mesma e do seu prazer físico.

Daí chegamos em Berenice Azambuja, mas isso é um salto gigantesco. Ainda temos as "mulheres da guerra, à espera", tão potentes quanto sofridas, vivenciando uma solidão de lonjuras estreitas, guardadas no peito. Essas mulheres, igual a Ana Terra, enfrentaram a noite dos ventos e dos sonhos, constituíram este lugar, formando e cuidando de toda a espécie de vivente com seu jeito (Rieth et al) para as lidas campeiras.

Sorvendo esse mate, assim no más, olho pela janela e vejo o passarinhedo com sua algazarra matinal, pensando na finitude da vida e no gosto amargo da bebida, na sua espuma e cheiros, tal qual Clarissa em seu texto. Ela vai abrindo os caminhos para reflexionar a existência e suas contradições, muitas vezes não tão evidentes, mas que se deixam entrever nas línguas e estilos – agora passa um carro de som da fruteira ambulante e a música de uma gaita bem vaneirada me tira a concentração! Coincidências!

Fiquei refletindo sobre a cena do mate e nas abstrações, da água quente descendo pela garganta, chegando ao estômago, dando aquela sensação de conforto apesar do amargor. Talvez seja aí que o chimarrão se parece com a vida, especialmente para as mulheres: a água quente dando esperançares e a aspereza do sabor para lembrar os percalços e as inquietações que o ser fêmeo nos impõe, ainda mais em um Estado com uma cultura masculinista tão arraigada feito o nosso.

No entanto, surgindo da "lama de um charco lodoso", num manantial perdido por estes pagos, mesmo proibidas de cantar e tocar em algum festival, por sermos um perigo depois do nosso letramento e tomada de consciência de nossas existências, é desse barro, do charco lodoso, dessa lama, elementos primordiais, de nascimento, de criação de propulsão, de húmus, que saímos, cada vez mais vivas.

Desse mesmo lodo, temos uma vazante, de onde retiro as palavras para poder seguir existindo, abrindo os armários ou as comportas de alguma água represada, e assim ligo nossas pontas: por que eu falando de gauchismo líquido? Eu que sempre vi meu avô, negro retinto, de bombacha e alpargatas, mas sem dizer nada sobre os gaúchos, nem mesmo sobre os bailes e as prendas.

Diante desse enigma, para além do que sinto por Clarissa, só me restou pensar que ambas estamos situadas nas "ciências dos líquidos", ou na poética dos líquidos. Cla do lado de lá, falando dessas ondas e fluxos para repensar um Rio Grande do Sul mais diverso, e eu do lado de cá, com os pés nas águas da Lagoa Mirim, pensando numa pampa-água pluriversa e todo o resto sendo inundado por esses algariamentos.

Assim, com esse meu "rompidiomas", uma referência a Chito de Mello, despeço-me dando gracias por ter navegado, tal qual corsária gáucha, por essas ondas endiabradas que são as melenas de Clarissa e fazendo o convite para vocês, leitoras e leitores, que se deixem levar pelas águas deste *Gauchismo Líquido*.

O rio é como o pensar, nada pode deter sua força. Alguns fazem represa, por receio de virar mar, outros desaguam em alguma foz. As ideias têm a força das águas e elas sempre insistem em transladar. Vão tomando força, afluindo. As ideias são rios e as palavras são mapas. Juntas: rotas de desvio. A inconstância dos estados d'água. Os corpos vazantes. A náusea do navegar, na cultura o mal-estar. "Rema... rema...". Pensamento é água, e para se encharcar é preciso mergulhar.

Prefácio

"Ninguém escreve sobre o Rio Grande impunemente", escreveu Barbosa Lessa[1] certa vez. Tal passagem elucida por que já ouvi colegas músicos e pesquisadores dizendo que não trabalhariam com temas relacionados à cultura do Rio Grande do Sul, devido à possibilidade de incômodo ao gerar discordâncias, ou até por haver certo "ranço" de falar no assunto. É necessária uma dose de audácia para abordar os regionalismos do estado, pois se trata de um tema polêmico, dicotomizado e repleto de radicalismos.

No livro *NósOutros Gaúchos: O Rio Grande no divã*, o professor Luiz Leite afirma que "os pensadores gaúchos são socráticos", uma referência ao filósofo Sócrates, que não deixou nenhuma obra escrita. Ele percebe o ato socrático em filósofos da Guerra dos Farrapos e em políticos como Júlio de Castilhos, Assis Brasil e Borges de Medeiros, que, apesar de serem "fanáticos na ação", não deixaram registro de seus pensamentos. Leite busca justificativas para isso no complexo de inferioridade, disfarçado na identidade

---

1 Citação presente na apresentação de Barbosa Lessa ao livro *O estilo gaúcho na música brasileira*, de Tasso Bangel, publicado em 1989. Trecho completo: "A complexidade de nossa cultura regional produz indagações tais que somente um homem de coragem intelectual se atreve ao desafio de tentar respondê-las. Mas Tasso Bangel não é um 'frouxo' mental e já sabe, de sobejo, que ninguém escreve sobre o Rio Grande impunemente"

gaúcha como "complexo de superioridade"[2]. "Gritamos muito, como quem está com medo", afirma. O medo da crítica é posto como outra possível razão, juntamente com o orgulho e a falta de humildade. Segundo ele, "um livro significa que tu tens que te expor, expor as tuas ideias, que passam a ser debatidas e criticadas por todo mundo". Esse feito, ao meu ver, é sinônimo de um ato de coragem e comunhão.

O blog *Gauchismo Líquido* surgiu em 2014 a fim de encorajar o debate, e seu conteúdo nasceu de incômodos e inquietações. Em um processo complexo e não linear, comecei a problematizar questões e desconstruir alguns entendimentos, movimento que me fez repensar minha atuação como artista e como pesquisadora. Atuei como violinista por cerca de dez anos em eventos relacionados ao gauchismo, em festivais de música nativista e no meio tradicionalista, e acabei levando essas vivências e algumas questões para minhas pesquisas acadêmicas. No mestrado, defendi a dissertação *Campeirismo musical e os festivais de música nativista do sul do Brasil: a (pós)modernidade (re)construindo o "gaúcho de verdade"* (UFRGS, 2014). No doutorado, desenvolvi a tese *"Toca um jazz no galpão": a construção de identidades profissionais e musicais na música independente contemporânea do Rio Grande Do Sul* (UNIRIO, 2018).

Refletir sobre a cultura do lugar onde nascemos ou moramos nos leva a questionar o que nos compõe como indivíduos e como

2 É interessante apontar que, em matéria do jornal *Zero Hora* de julho de 2021 sobre o professor Luiz Osvaldo Leite, este afirma estar prestes a lançar uma coleção de livros a respeito da história do pensamento no Rio Grande do Sul. O fato nos faz atentar para a importância do registro de sua pesquisa realizada durante os últimos 50 anos.

sociedade. *Gauchismo Líquido* busca compreender estes tempos que vivemos. O termo "líquido" vem de Zygmunt Bauman, sociólogo e filósofo polonês nascido em 1925 e falecido em 2017. "Modernidade líquida" é um conceito tecido por ele para falar da contemporaneidade como uma época em que as relações sociais, econômicas e de produção são frágeis, maleáveis e fluidas, similares aos líquidos. Bauman discorre sobre o "amor líquido", que condiciona mudanças nas relações, sobre o "tempo líquido", no qual as coisas se transformam muito rapidamente, e sobre a "vida líquida", refletida na obsessão pelo corpo ideal, no culto às celebridades, no endividamento generalizado gerado pelo consumo e na paranoia por segurança.

Sócrates também é uma referência significativa para Bauman quando este fala em "vida". Bauman comenta que muitos filósofos contemporâneos consideram a vida de Sócrates perfeita, assim como a personalidade que ele próprio construiu. Mas o filósofo polonês propõe que não há somente uma maneira de encontrar a felicidade, sendo o indivíduo responsável, por meio de sua vontade, por criar uma forma ideal de vida. As ideias de Sócrates que chegam até nós é a crítica de que muitas pessoas passam pela vida sem consciência do que estão fazendo, ou sem questionar por que o fazem. Ele aponta para a possibilidade de uma "sociologia cotidiana" voltada às preocupações comuns de todas as pessoas e, vendo nela a chance de uma vida harmoniosa, desenvolve a ideia de "filosofia como medicina".

Já o conceito de "gauchismo" faz referência às representações identitárias do Rio Grande do Sul construídas e institucionalizadas principalmente ao longo do século XX, tendo como discussões centrais "o gaúcho". Nos textos aqui presentes, também são usados os termos "música regional gaúcha" e "música gauchesca" para descrever a produção musical criada e/ou inspirada em fatores identitários construídos e elencados nessa territorialidade, especialmente os ligados ao contexto rural/agropastoril. Este último é definido por Cougo Junior, "em termos rítmicos e harmônicos, fortemente influenciado pelo contato direto com a cultura dos países platinos, Argentina e Uruguai, e pela imigração ítalo-germânica, além do estreito vínculo com as culturas indígena, africana e portuguesa". Esse entendimento compreende que uma parte das representações artísticas e sociais no Rio Grande do Sul, a partir da segunda metade do século XX, possui características próprias em relação ao contexto brasileiro e latino-americano, configurando um movimento cultural com diversas vertentes.

A partir de fenômenos como a fluidez das identidades contemporâneas e a complexidade das teias culturais atravessadas pelas tecnologias e pelas crises sociopolíticas, surge este *Gauchismo Líquido*. Longe da solidez das certezas, o livro busca fomentar o conhecimento e o envolvimento de todas as pessoas em temas que as afetam diretamente a partir da cultura, da localidade e do sentimento de pertencimento ou não pertencimento. Nesse sentido, ao pensar em possibilidades de engajamento prático com a vida em sociedade, a obra repensa modos individuais e coletivos de ser e pertencer.

Parte dos textos deste livro foram publicados no blog *Gauchismo Líquido* e no jornal *Sul21*, apresentando-se aqui de forma editada, fruto de uma revisão mais profunda a respeito dos conteúdos e referenciais citados, além de algumas atualizações. Creio que, com o passar do tempo, desde a criação do blog e a publicação dos textos até a data de edição desta obra, ocorreu um processo ao longo do qual me vi cada vez mais *outsider* e discordante da cultura gaúcha hegemônica. Cada vez mais, venho afinando a percepção a respeito das palavras, frases e conceitos sobre ela.

Desde 2014, quando criei o blog *Gauchismo Líquido*, recebi muitos retornos quanto à recepção dos textos. Os relatos comentavam sobre novas maneiras de pensar a partir das reflexões trazidas, que iam desde entendimentos sobre o mercado cultural até visões sobre tradição que não fossem estanques, proporcionadas pelos conceitos sociológicos e etnomusicológicos discutidos. Ouvi diversas narrativas, como as de mulheres que começaram a compor pensando na ausência de eu líricos femininos e iniciaram, assim, um movimento mais efetivo em direção ao protagonismo profissional e artístico.

Trazer à discussão o machismo na cultura e na música gaúcha também provocou repensares. Como exemplo, tomei conhecimento sobre a não aprovação de uma música em um festival por parte dos jurados, que trouxeram como argumento um texto publicado no blog e que aponta como as mulheres são representadas de forma ofensiva na música gaúcha. Outros temas também geraram debates interessantes, como o papel da pessoa musicista na sociedade atual e o negligenciamento da identidade indígena nas representações identitárias do gauchismo. Este último, abordado em "O verdadeiro sangue gaúcho", resultou em uma das postagens do blog mais compartilhadas desde 2016, ano da publicação original, o que demonstra a urgência do assunto e a necessidade de compreensão das pessoas leitoras. Esse foi um dos textos que passou por amadurecimento e recebeu atualizações, trazendo em sua nova versão fatos recentes tais quais as votações do Marco Temporal, em 2021.

Gostaria de ressaltar a importância do apoio à pesquisa nas universidades públicas, assim como o diálogo com a sociedade por meio da divulgação científica. Nestes sete anos, o blog *Gauchismo Líquido* obteve mais de 95 mil acessos. Além disso, pude colaborar com matérias realizadas pelos jornais sul-rio-grandenses *Zero Hora*, *Jornal do Mercado*, *Jornal do Comércio*, *Jornal Minuano*, *Nonada*, *Diário Popular* e *Porto GAZ*, pelo carioca *O Globo* e pelo paulista *Nexo*, assim como com as rádios *FM Cultura*, *Rádio Sul Net* e *Rádio Armazém*, entre outras. Também participei de palestras, webinars e bancas de graduação e pós-graduação em universidades. Devido ao trabalho desenvolvido no *Gauchismo Líquido*, fui convidada a escrever quinzenalmente para o jornal independente *Sul21*, de Porto Alegre, para o qual produzi alguns dos textos que fazem parte desta publicação.

Em 2020, o projeto *Gauchismo Líquido* estreou em formato de podcast, apresentando a série "O conhecimento das mulheres do Rio Grande do Sul". A iniciativa foi viabilizada via Edital FAC Digital RS, da Secretaria de Cultura do Estado. Nessa primeira leva de episódios, foram entrevistadas as pesquisadoras Andreia Sá Brito e Juliana Flor, as poetas Marília Kosby e Angélica Freitas e as cantoras Loma e Maria Luiza Benitez. O conteúdo inaugural versou sobre as "Mulheres no Rio Grande do Sul", texto que se encontra neste livro. A pesquisa foi desenvolvida a partir de bibliografia sobre a história do movimento feminista no Rio Grande do Sul e sobre as representações das mulheres gaúchas em diversos contextos artísticos.

Quanto aos textos inéditos, apresento duas crônicas: "Sobre tomar mate" e "A elas o charco lodoso do Manantial?". Esta última foi inspirada em conversas com a pesquisadora Mariana Garcia a respeito da violência patriarcal na cultura popular gaúcha, incluindo o repertório que contém apologia à violência contra as mulheres ou mesmo relatos de feminicídio, tanto nas músicas como nos contos e lendas gaúchas. Ainda entre os textos inéditos, gostaria de destacar "Berenice Azambuja: transgressão e hibridismo", escrito em alguns alvoreceres de 2021 nos quais contemplei mais a fundo a obra da artista, e "Como a música gaúcha perdeu a oportunidade de ser o gênero mais ouvido do Brasil?", no qual, a partir da investigação do surgimento da tchê music e seus desdobramentos, envoltos em polêmicas com o Movimento Tradicionalista, é possível compreender como se dão os processos de hibridismo de elementos culturais.

As ideias apresentadas neste livro nasceram em muitos diálogos com colegas da academia e da música, e seguem uma tradição forte criada por pessoas pesquisadoras críticas ao gauchismo hegemônico, como Nilda Jacks, Tau Golin, Elizabeth Lucas, Ondina Fachel Leal, Décio Freitas, Sandra Pesavento, Juremir Machado, Luís Augusto Fischer, Ruben Oliven, Mário Maia, Luciana Prass, Álvaro Santi, Arthur de Faria, Reginaldo Gil Braga, Marília Kosby, Lucas Panitz, João Vicente Ribas e Fernanda Marcon, entre outros.

Tem sido um processo profundo o de repensar as tradições, trazer questionamentos e buscar compreender como se constrói o entendimento sobre arte, cultura e identidade. Isso não seria possível e eu não teria coragem suficiente, respondendo à citação de Lessa que abre este texto, se estivesse na lida sozinha. Gostaria de deixar meu agradecimento a todas as pessoas que contribuíram em minha formação, destacando aqui os professores orientadores de graduação, mestrado e doutorado, respectivamente, Mário Maia, Reginaldo Gil Braga e Pedro Aragão, e as queridas e inspiradoras professoras Isabel Nogueira e Martha Ulhôa. Faço um agradecimento especial a meus pais, Marta e Armandino, por todo apoio e investimento em minha formação.

Agradeço à Editora Coragem, em especial ao editor Thomás Vieira, pelo convite e por acreditar neste trabalho, à preparadora de texto Luise Fialho, à designer Evelyn Abs e à Emile Steffens. Obrigada à artista Clara Trevisan, por criar a identidade visual deste livro. Ao Lucas Ramos, pela escuta, pelas ideias e por todo o amor. À Carolina Ferreira, por batizar o *Gauchismo Líquido* (sim, o nome é dela!). À Aline Porto, pelas generosas trocas e contribuições em uma fase muito importante do *Gauchismo Líquido*. Obrigada à Marília Kosby e à Juliana Flor, pelos maravilhosos textos de apresentação à obra e pelos comentários e contribuições necessários. Aos colegas de grupo de pesquisa, pelo valioso apoio através de nossas conversas: Mariana Garcia, Lucas Luz, Emily Borghetti, Ana Matielo, Renato Machado, Andreia Sá Brito, Bruno Vieira, Karen Rocha, Mônica Borba, Antônio Gringo e Nina Wirtti. E a todas amigas, amigos e familiares que me alegram e compartilham a existência comigo!

Acredito que as grandes transformações culturais levam tempo para acontecer e são sentidas ao longo de um processo circular. Neste tempo de composição do *Gauchismo Líquido*, foi um alento perceber como as visões a respeito da tradição são fortemente repensadas na contemporaneidade, em especial num universo cultural tão marcado pelo conservadorismo. Desejo que este livro inspire, instigue e contribua para reflexões futuras sobre o tema.

Referências

BANGEL, Tasso. *O estilo gaúcho na música brasileira*. Porto Alegre: Movimento, 1989.

BAUMAN, Zygmunt. *Modernidade Líquida*. Rio de Janeiro: Zahar, 2001.

COUGO JUNIOR, Francisco. *A Historiografia da "Música Gauchesca": Apontamentos para uma história*. Rev. Contemporâneos. Revista de Artes e Humanidades, Porto Alegre, n. 5, p. 1-23, mai./out. 2012.

FERREIRA, Clarissa. *Campeirismo musical e os festivais de música nativista do sul do Brasil: a (pós) modernidade (re) construindo o "gaúcho de verdade"*. Dissertação de mestrado (Musicologia/Etnomusicologia). Instituto de Artes, Universidade Federal do Rio Grande do Sul. Porto Alegre, 2014.

___. *"Toca um jazz no galpão": a construção de identidades profissionais e musicais na música independente contemporânea do Rio Grande Do Sul*. Tese de doutorado (Etnografia das Práticas Musicais). Programa de Pós Graduação em Música, Universidade Federal do Estado do Rio de Janeiro. Rio de Janeiro, 2018.

LEITE, Luiz Osvaldo. "Medo da Crítica". In: DINIZ, Tailor (Org.). *NósOutros Gaúchos: O Rio Grande no divã*. Porto Alegre: Pubblicato, 2015.

___. Houve, sim, uma filosofia gaúcha. *Zero Hora*, 2021. Disponível em: <https://gauchazh.clicrbs.com.br/cultura-e-lazer/noticia/2021/07/luiz-osvaldo-leite-houve-sim-uma-filosofia-gaucha-ckqv65h7c003p013bfeowdi12.html>. Acesso em: 24 out. 2021.

gauchismo líquido

O verdadeiro sangue gaúcho[1]

É fundamental o conhecimento sobre os primeiros habitantes do estado ao falarmos sobre a construção da "identidade gaúcha", devido às inúmeras contribuições culturais indígenas referentes a hábitos, saberes, vocabulário, indumentárias e mitos que foram "herdados" pela cultura regionalista rio-grandense. É importante dizer que "identidade gaúcha" e "herdados" estão aqui com o uso de aspas pelas seguintes razões: a primeira é o entendimento de que, ao falarmos sobre a população e a cultura do Rio Grande do Sul, o conceito de uma única e padronizante representação foi construído ao longo do século XX, acentuando-se a partir da década de 1950. Esse fato é atribuído ao desenvolvimento dos meios de comunicação de massa, entre outros fatores político-sociais. Nesse sentido, compreendo que os símbolos elencados na compilação das representações rio-grandenses convergem com os ideais colonizadores eurocêntricos. Além disso, de forma geral, os elementos culturais negríndios muitas vezes não são referenciados e reverenciados quando acionados, o que poderíamos compreender como apropriações culturais. Por isso o uso de aspas em "herdados", sugerindo ironia.

1 Texto publicado originalmente em 22 de abril de 2016, no blog Gauchismo Líquido.

A consanguinidade está presente nas narrativas sobre a cultura gaúcha a partir da valorização do grau de parentesco, da hereditariedade e das genealogias. Pois vejamos como a ironia extrapola uma simples figura de linguagem: pesquisadores gaúchos, liderados pela professora Maria Cátira Bortolini, da Universidade Federal do Rio Grande do Sul (UFRGS), analisaram o DNA de indivíduos residentes no pampa e revelaram que mais da metade descende de mães indígenas. O interessante é que os indivíduos que forneceram as amostras de DNA desconhecem sua origem indígena, segundo mostra a pesquisa, tanto que se autodefinem descendentes de espanhóis ou portugueses, ou simplesmente gaúchos.

Discursos relacionados à origem étnica do gaúcho estão presentes nas narrativas sobre a formação cultural do Rio Grande do Sul, assim como designações que demonstram uma possível "miscigenação", como a expressão "gaúcho pelo duro" para referir-se à composição genética composta por pelo menos uma "etnia não branca". José Dacanal traz importantes pontos sobre esse tema no artigo "A miscigenação que não houve", de 1979, mostrando pelo menos três correntes de entendimento sobre o assunto:

1. A defendida por Manoelito de Ornellas segundo a qual os gaúchos descenderam dos beduínos, cavaleiros árabes com raízes em Portugal e influências islâmicas (conforme *Gaúchos e Beduínos*, de 1956);

2. A seguida por historiadores que afirmam ter havido miscigenação no Rio Grande do Sul;

3. A adotada por grupos de estudiosos que defendem que não houve miscigenação, e sim "a extinção física do índio no Rio Grande do Sul" marcada por um processo no qual houve "guerra

de morte do homem branco contra o indígena, a ocupação de todas as suas terras pelo colonizador, a disseminação de epidemias, a utilização do índio como carne de canhão" (segundo Dacanal, no artigo supracitado). Podemos acrescentar a desmoralização e as violações às mulheres indígenas, relatadas por invasores e cronistas, e presentes em muitas das representações artísticas gauchescas.

Apesar da ênfase ainda incipiente quanto à ancestralidade genética indígena, influências culturais e de hábitos dos povos originários são comumente atribuídas à população gaúcha do pampa. Nas construções sobre a participação indígena, quase não se referencia os guarani e os kaingang, que sobreviveram em maior número ao processo de colonização e hoje vivem, majoritariamente, em situação de extrema precariedade em diversas regiões do estado. As características em geral elencadas partem da fusão do europeu com os charruas. Se tratam de habilidades e características psicológicas, como a habilidade de cavalgar, o senso de independência e o caráter belicoso, o que podemos combinar e relacionar com alguns dos elementos mais emblemáticos da "identidade do gaúcho". Esse fato é recorrente nas sociedades que ainda são alicerçadas em práticas coloniais de apagamento simbólico, que recorrentemente glorificam as populações compreendidas como extintas e anulam a existência das contemporâneas.

Apesar da maior parte da historiografia considerar os charruas extintos após uma sangrenta derrota pelo exército uruguaio, em 1831, no confronto de Salsipuedes, descendentes diretos sobreviveram e permaneceram praticamente invisíveis por décadas, tendo tal invisibilidade social relacionada com uma estratégia de sobrevivência. Acuab, primeira mulher cacica-geral do povo charrua no Rio Grande do Sul, em reportagem para a BBC News Porto Alegre, em 2018, conta que eles viveram no interior da região de São Miguel das Missões escondidos devido à perseguição por partes dos estancieiros e "proprietários de terras". Começaram a migrar para outras regiões do estado na década de 1960, chegaram à capital e fixaram-se em moradias precárias na região do Morro da Cruz, onde permaneceram por quarenta anos. Nesse período, passaram por sérios momentos de instabilidade em relação à moradia, chegando a passar três anos em um galpão de condições insalubres cedido pela prefeitura.

Neste período, a luta pelo reconhecimento do povo charrua iniciou e ganhou força junto aos órgãos públicos. O arqueólogo Sérgio Leite relata a surpresa que teve ao ser apresentado por Acuab a um conjunto de peças, três pedaços de rocha e duas boleadeiras, que "só poderiam pertencer aos charrua". O laudo dele abriu caminho para o reconhecimento do grupo pela Fundação Nacional do Índio (Funai), oficializado em setembro de 2007. Em 2008, a prefeitura transformou uma área de 8,6 hectares na zona sul de Porto Alegre em reserva indígena municipal, onde constituiu-se a Aldeia Charrua Polidoro.

A investigação genética que evidenciou a presença de ancestralidade charrua em boa parte dos habitantes do pampa contou com apoio de várias áreas de estudo além da biologia, considerando também a história, a arqueologia e os entendimentos sociais ao investigar a "ancestralidade étnica" ou a "genética histórica". A pesquisa sobre o tema tem relação direta com o imaginário popular, o senso comum e a ideia construída de como o povo do Rio Grande do Sul é visto e como se vê: ou seja, a partir de uma ascendência europeia e da branquitude como características, provenientes de tendências higienistas-eugenistas na sociedade brasileira.

Segundo os pesquisadores Michael Kent e Ricardo Santos, há uma hierarquia de valores em jogo nesses entendimentos, como "a ferocidade, a hipermasculinidade e independência atribuída aos charruas, em particular em relação à sua recusa de se submeter aos invasores europeus, os faz ancestrais 'mais dignos e desejáveis' que os guarani e os kaingang", ou seja, "no complexo processo de construção identitária, é a 'permanência psicológica' dos Charrua na 'alma' da população gaúcha que é enfatizada, ao invés da miscigenação física e biológica".

Ao contrário do que pregam algumas perspectivas racistas, o indígena no Rio Grande do Sul não se transformou em branco, nem foi exterminado, mas iniciou uma lenta e contínua recuperação demográfica. Atualmente, há algumas áreas demarcadas para os povos indígenas, mas a grande maioria desses territórios são áreas muito pequenas para o número de indígenas que as habitam. Isso ocorre porque as reservas originais, criadas no século XIX, perderam grande parte da área devido à invasão de pecuaristas e extrativistas e ao assentamento de colonos. Ainda hoje, os indígenas disputam suas terras com os agricultores que foram assentados entre as décadas de 1940 e 1960. Ao longo de 2021, decisões a respeito da demarcação de terras indígenas no Brasil vêm sendo votadas. Se o argumento do Marco Temporal for aceito, os indígenas só poderão reivindicar a demarcação das terras nas quais estavam estabelecidos no dia da promulgação da Constituição de 1988. No Rio Grande do Sul, cerca de cem comunidades indígenas serão diretamente impactadas pelo Marco.

Outro fator a se considerar é que o mau uso do solo acabou degradando-o e tornando a produção obtida insuficiente para alimentar as famílias. A situação faz com que a maioria das populações indígenas do estado vivam na miséria. Em um contexto nacional em que o desenvolvimento econômico é institucionalmente defendido como a solução para todos os males sociais, se faz necessário refletir sobre a forma como os indígenas são compreendidos na atualidade.

A visível emergência de discursos equivocados e muitas vezes anti-indigenistas, marcados pelo preconceito ou desconhecimento, tem consequência direta na forma como essas coletividades são tratadas pelas populações não-indígenas com as quais convivem e compartilham espaço. O preconceito afeta a vida indígena de inúmeras maneiras, já que ele está consciente e inconscientemente refletido nas políticas públicas estatais, nos meios de comunicação e entre amplo espectro da população. Em resposta a esse cenário, em 2021, ocorreu a V Assembleia dos Povos em Porto Alegre, organizada por indígenas articulados em conjunto com quilombolas, pessoas em situação de rua, coletivos, organizações sociais e populares. Os grupos reivindicaram respeito aos povos originários, sua cultura e seu modo de vida, além de evidenciarem a importância da memória e da terra.

Ainda temos muito a aprender com esses povos. Conhecimentos sobre coletividade e sustentabilidade social e ambiental, especialmente relacionadas às formas de manejo e conservação dos recursos naturais, são algumas das importantíssimas contribuições de suas culturas, visto que o cenário global que supervaloriza o desenvolvimento econômico a partir de ideais capitalistas se mostra inadequado e insustentável. Exemplo claro é a triste realidade do bioma pampa, atualmente ameaçado devido à expansão das monoculturas e das áreas de pastagem (segundo o Ministério do Meio Ambiente, em 2008 restava apenas 36,03% da vegetação nativa do bioma). É sobre o "amor à terra" tantas vezes cantado e sobre a exaltação da origem indígena apenas quando conveniente que devemos pensar, reagindo à lastimável realidade, e não apenas idealizando construções míticas ou comunidades genéticas imaginadas.

Referências

BORTOLINI, Maria Cátira. *A genética e a peritagem racialista.* Horizontes Antropológicos, ano 11, n. 23, p. 262-263, 2005.

DACANAL, José Hildebrando. A miscigenação que não houve. In: DACANAL, J. H.; GONZAGA, S. (Org.). *RS: cultura e ideologia.* Porto Alegre: Mercado Aberto, 1980, p. 25-33.

KENT, Michael; SANTOS, Ricardo. *"Os charruas vivem" nos gaúchos: a vida social de uma pesquisa de "resgate" genético de uma etnia indígena extinta no sul do Brasil.* Horizontes Antropológicos, Porto Alegre, ano 18, n. 37, p. 341-372, jan./jun. 2012.

ORNELLAS, Manoelito de. *Gaúcho e Beduínos: origens étnicas e a formação social do Rio Grande do Sul.* Porto Alegre: Martins Livreiro, 1999.

WENZEL, Fernanda. Tidos como extintos, índios charrua sobreviveram "invisíveis" por décadas e hoje lutam por melhores condições de vida. *BBC News Brasil,* 2018. Disponível em: <https://www.bbc.com/portuguese/brasil-45947432>. Acesso em: 19 out. 2021.

Como a música gaúcha perdeu a oportunidade de ser o gênero mais ouvido do Brasil?

Quem vive no Rio Grande do Sul certamente já se deparou com notícias que denunciavam alguma polêmica envolvendo o Movimento Tradicionalista Gaúcho (MTG) e seus atos impositivos, ou até proibitivos, sobre modos de vestir e sobre o comportamento de pessoas que tentavam dialogar com seus princípios. Algumas delas dizem respeito à proibição da entrada de homens usando brinco nos Centros de Tradições Gaúchas (CTGs), assim como a vários tipos de restrição quanto às vestimentas para dançar no CTG, como o veto ao uso de tênis e a mulheres de calça. Houve também a questão do Capitão Gay, como ficou conhecido José Antonio San Juan Cattaneo, na época candidato a deputado estadual. Ele foi agredido durante um desfile comemorativo da Semana Farroupilha em Pelotas, em 2002, por portar a bandeira do movimento LGBTQIA+. Outro caso de homofobia foi o incêndio criminoso no CTG de Santana de Livramento, onde seria realizada uma cerimônia de casamento coletiva com a presença de casais do mesmo sexo. Controvérsias envolvendo o tamanho ideal do lenço e a largura da bombacha também já surgiram, e não foram poucas. Mas este texto vai tratar de uma polêmica que causou um enorme prejuízo para o mercado da música do Rio Grande do Sul.

Uma afirmação feita com frequência pelos músicos gaúchos do segmento regional diz que "a música gaúcha não sobe", como uma assertiva constatação de que a música do Rio Grande do Sul acaba sendo consumida somente dentro dos limites geográficos do estado, ou no máximo nos estados vizinhos. Estudando sua historiografia, encontramos períodos nos quais a produção gauchesca teve alta circulação e vendagem, convergindo com a ascensão do mercado fonográfico e o avanço da cultura de massa. Podemos citar o sucesso do Conjunto Farroupilha que, com patrocínio da empresa aérea Varig, levou a muitos países as consideradas "danças tradicionais gaúchas" listadas por Lessa e Côrtes. Outro segmento específico também se destacou no mercado fonográfico em ascensão, inclusive despertando discordâncias entre o Movimento Tradicionalista. Esse segmento é intitulado "regionalista", segundo Côrtes, Cougo e Santi, e configura uma vertente que difere da música tradicionalista, por mais que haja intersecções. Esse fato é elucidado pelo pesquisador Francisco Cougo, que diz que os músicos regionalistas, considerados compositores "mais populares", "foram acusados de serem desprendidos de qualquer dogma e sujeitos somente às exigências do mercado, sendo apontados por setores da intelectualidade como deturpadores da imagem do gaúcho típico". Segundo ele, "os tradicionalistas mais ortodoxos, cautelosos com o que doutrinava o MTG, diziam que Teixeirinha, Gildo de Freitas, José Mendes e seus congêneres padeciam do 'estigma da grossura' e difundiam uma imagem distorcida da cultura gaúcha". Nas décadas de 1970 e 1980, a música regionalista gaúcha alcança vendagens surpreendentes com artistas de vertente popular como Teixeirinha, Mary Terezinha, Berenice Azambuja, Gildo de Freitas etc. Em períodos posteriores, o Rio Grande do Sul alavancou sucessos como Gaúcho da Fronteira e a dupla Kleiton e Kledir, entre outros.

O que considerar como "verdadeira música gaúcha" é um embate que sempre esteve presente. A questão foi uma das motivações para o surgimento dos festivais nativistas, que acabaram se tornando um movimento. Ao longo de 50 anos de atividade, ao considerarmos seu início com o Festival Califórnia da Canção em Uruguaiana, em 1971, foram travados inúmeros embates estéticos que transpareciam escolhas ideológicas. Através dos regulamentos dos festivais e dentro desse nicho, moldou-se a sonoridade do que seria compreendido como "música gaúcha". É importante dizer que o Movimento Nativista não é unívoco e uniforme, sendo composto por alguns eventos mais abertos quanto a influências e elementos musicais como ritmo, instrumentação e temática, e outros mais fechados em seus entendimentos. Dessa forma, há os festivais que dialogam com os ideais propostos pelo Movimento Tradicionalista e os que buscam outro caminho, muitas vezes tendo como principal característica o hibridismo ou a simples consideração de elementos regionais despriorizados pelo Movimento Tradicionalista Gaúcho. Segundo a pesquisadora Nilda Jacks, no livro *Querência: Cultura regional como mediação simbólica*, de 1999, os festivais ampliaram a discussão da temática regional como um todo, confrontando-se com o tradicionalismo através da ruptura de preceitos. Segundo ela, as modificações introduzidas foram "novos ritmos e instrumentos musicais, temas urbanos e sociais, questionamento de alguns valores de tradição regional, uso não ortodoxo da indumentária gauchesca etc.".

Outro movimento musical foi se constituindo ao longo do século XX através das bandas de baile, chamado por alguns de "linha fandangueira". Barbosa Lessa afirma que "dentro da linha regionalista surgiriam os conjuntos de música para dançar, responsáveis pelo futuro sucesso dos fandangos (bailes de CTG) e bailões (bailes modestos da periferia urbana)". Menciona-se o pioneirismo aos Irmãos Bertussi na década de 1940, através de um dueto de gaita-piano surgido no interior da cidade de São Francisco de Paula. Sobre isso, em entrevista ao documentário *Gema*, Adelar Bertussi conta como, no início da carreira, a dupla enfrentou questionamentos devido à sua descendência. Ele diz: "Fomos criticados que 'os gringos de Caxias tão querendo ser gaúchos'"[1], fato que evidencia a discriminação dos imigrantes na representação do "gaúcho autêntico". Apesar disso, com a ajuda de Maurício Sobrinho[2], eles conseguiram adentrar o universo radiofônico e agradar o público da capital. Gravaram seu primeiro disco pela gravadora Copacabana de São Paulo em 1955, chamado *Coração Gaúcho*. Segundo o pesquisador Vinício Júnior, "os Irmãos Bertussi tocavam um repertório mais técnico e virtuoso, com tangos, boleros e músicas de concerto, mas suas músicas simples, de caráter mais do interior, foram vistas por um dos donos de uma das principais gravadoras do Brasil como um grande produto para

1 Caxias do Sul é uma cidade da Serra do Rio Grande do Sul, marcada por forte imigração italiana e de onde é a família Bertussi.

2 Fundador do Grupo RBS, conglomerado de mídia criado em 1957.

ser comercializado, o que de fato aconteceu e ajudou a alavancar a carreira da dupla em todo o Brasil". Os Irmãos Bertussi também são tidos como os responsáveis pela inclusão da bateria nos bailes gaúchos, havendo registro do instrumento no disco *O gaúcho*, gravado pela RCA em 1966.

Um pouco mais tarde, também em São Francisco de Paula, surge a banda Os Mirins, formada por Albino Manique (pandeiro e acordeom) e Francisco Castilhos (cavaquinho). Em 1961, eles gravam seu primeiro disco em São Paulo, intitulado *Barbaridade*. No ano seguinte, gravam o segundo disco, *Outra barbaridade*, e Francisco deixa a dupla para a entrada de Antoninho Duarte, que grava 4 discos em conjunto com Albino: *Festa na querência* (1964), *Rodeio de emoções* (1965), *Mágoas de trovador* (1969) e *Dupla Mirim* (1970).

Francisco volta ao grupo em 1972, e é perceptível nas produções dessa fase a influência do choro e do samba, gêneros populares e bastante executados nesse período. Um exemplo é a atuação de Francisco no grupo *Os Araganos* em 1968, em que toca um violão inspirado nos contrapontos de choro e do samba realizados por Dino 7 Cordas, músico carioca e personagem vinculado ao acompanhamento do violão sete cordas no gênero musical. Vinício Júnior conta que "em virtude do pouco volume do instrumento e por já ter outro integrante no grupo tocando guitarra, procurou fazer as 'levadas' dos contrapontos no contrabaixo, tornando-se o pioneiro na introdução desse instrumento no baile gaúcho e em gravações, tendo como marco inicial a gravação do LP *Favo de mel*, em 1970".

Em 1968, inspirado na dupla Os Mirins, surge o grupo Os Serranos. Segundo Vinício Junior,

> "talvez a sua maior contribuição para a música regional foi a utilização de um groove, conhecido também como 'levada', inspirado no samba-rock da década de 1970, que no sul do Brasil ficou conhecido como a 'vaneira de caixa reta'. [...] Essa variação rítmica pode ser percebida em algumas músicas do repertório do grupo, tais como 'Saudade' (1982), 'Pedido de casamento' (1983), 'Vanerão da noite inteira' (1985), 'Chacoaleando' e 'Rancho de beira de estrada' (1987), 'Serrano cantor', [...] entre outras".

Fato marcante na carreira do grupo Os Serranos foi a inovação e investimento em equipamentos de som, luz, estrutura e transporte, quando a música "Bailanta do Tibúrcio" (1988), composta por Pedro Ortaça, permitiu ao grupo atingir a grande massa.

Nas décadas de 1980 e 1990, aconteceram muitos embates entre "tradição e modernidade" na esfera dos festivais, fomentados e pautados pela mídia (principalmente pelos jornais). A construção de uma possível identidade gaúcha está diretamente ligada ao mercado de bens culturais e à midiatização da cultura, como é perceptível nos relatos sobre a "febre de gauchismo": esta lançou tendências de hábito, vestimenta e consumo a partir dos festivais, como usar bombacha e tomar chimarrão, ou seja, fomentou a comercialização de produtos simbólicos.

Durante a década de 1980, o ganho de proporção da cultura radiofônica e televisiva a nível nacional influencia totalmente os espaços e eventos de socialização. Por consequência, a dança, a música e tudo que está relacionado à cultura também acaba se modificando. Como alguns acontecimentos consideráveis, temos o sucesso da lambada na década de 1980, a mudança estética da música sertaneja a partir de 1982 e o surgimento, na Bahia, do que posteriormente será denominado *axé music* e ganhará muito destaque na mídia.

Nesse período, começa a surgir uma nova estética na música do Rio Grande do Sul, marcada pelo surgimento das bandas Tchê Barbaridade, em 1989, e Tchê Guri, em 1990. Essa nova sonoridade assume cada vez mais o hibridismo, ou seja, acentua-se a mistura de diferentes gêneros musicais que já vinha acontecendo. Ocorrem incorporações de células rítmicas/melódicas específicas, que são identificadas como constituintes e reconhecíveis de determinados gêneros musicais. No site Maxixe Gaúcho (www.maxixegaucho.com.br), encontrei uma informação interessante sobre o processo de hibridismo:

> "em 1991, o músico Sandro Coelho, integrante do Grupo Garotos de Ouro, percebeu algo novo no trabalho do Ivonir Machado e que, influenciado pelo percussionista baiano Neguinho Gil, mudou a forma de tocar vaneira. Ao invés do grupo tocar a Vanera na forma 'compasso marcado, tranco de vaneira', eles estavam criando uma nova batida na bateria na forma de contratempo no compasso, que foi batizada por 'levada sambada', e essa técnica foi seguida por Kiko Freitas na mesma banda e mais tarde por muitos outros bateristas".

Essa outra célula rítmica feita pela bateria teria causado uma mudança no padrão da vaneira, entendida como tradicional, o que acarretaria em um novo modo de dançar a partir da variação do ritmo.

O espaço de socialização onde se realiza essa transformação são os bailes, tanto nos rodeios quanto em clubes e casas de festa, principalmente nas cidades do interior. Segundo o site Maxixe Gaúcho,

> "esse passo não era o popular 2 e 1 ou 2 e 2, era um movimento descendente, ele era o passo 2 e 2, marcado parado, no lugar, criando automaticamente um pequeno movimento de quadril, o popular bate-coxa ou a famosa vanera com enlace do par apertado (xinxado), ao qual popularmente foi batizada de 'maxixo', e perdurou até meados da chegada da vaneira swingada, quando a mesma passou a ser chamada de 'maxixe' por influência da mídia (jornal, rádio, Dança dos Famosos) em geral e pelas referências das vastas memórias cariocas".

É interessante a afirmação do site de que o Rio Grande do Sul possui dois gêneros musicais genuinamente gaúchos: um deles seria o bugio[3], dança e música reconhecida pelo MTG, e o outro seria a "vaneira swingada".

A década de 1990 é marcada pelo forte apelo da dança, perceptível no sucesso de grupos como É o Tchan, o que converge com o entendimento do gênero estilístico híbrido a partir da fusão dança-música. Outro fato importante neste período é que, em 1995, o Grupo Tradição, formado no Mato Grosso do Sul e liderado por Michel Teló, começava a levar a vaneira para um contexto nacional. Isso evidencia outro acontecimento social: a diáspora musical gaúcha, que vai estabelecer um mercado favo-

---

3 Bugio é um estilo musical brasileiro, de compasso binário, originário do estado do Rio Grande do Sul. O nome do ritmo e os movimentos executados na dança são inspirados no bugio (Alouatta guariba clamitans), primata anteriormente comum no interior gaúcho e hoje ameaçado de extinção. Em entrevista ao documentário *Gema*, Adelar Bertussi afirma que o bugio é de origem kaingang: "A tribo dos kaingang dançava bugio aqui a madrugada inteira".

rável em estados onde a presença de gaúchos é forte, como Mato Grosso, Mato Grosso do Sul, Paraná e Santa Catarina. Uma matéria do jornal Zero Hora, publicada em 2020 e intitulada "Por que grandes grupos regionalistas tocam mais em Santa Catarina e Paraná do que no Rio Grande do Sul", aponta como os grupos Os Monarcas e Os Serranos, atualmente com mais de 50 anos de carreira, realizam a maior parte de suas apresentações fora do estado.

A tchê music consolidou-se como movimento com a reunião dos grupos Tchê Barbaridade, Tchê Guri e Tchê Garotos para a gravação do CD *Tchê Music*, em 1999. O forte hibridismo, a partir da fusão de pagode, axé, forró e sertanejo com o ritmo do vanerão, incomodou o Movimento Tradicionalista Gaúcho. No mesmo ano, o MTG divulgou um manifesto pregando o respeito à *Carta de Princípios*, que condena o abandono da indumentária gaúcha e a presença nos CTGs de estilos musicais "invasores", publicando o seguinte texto: "O CTG que necessitar fazer a contratação de conjunto que distorça a música, que despreze a pilcha ou que use de recursos de culturas alienígenas para obter lucro deve pensar se não está na hora de trocar de nome e de finalidade".

Em dezembro daquele ano, em resposta a um pedido de apoio da Lei de Incentivo à Cultura (LIC) para a realização de uma série de shows de tchê music pelo Rio Grande do Sul e por outros estados, o Conselho Estadual de Cultura (CEC) alinhou o projeto entre os exemplos da "bestialização da cultura nacional". Dizia o parecer do CEC:

> "Mídia, mídia, mídia, mídia e mídia. É praticamente só isso que o projeto tchê music pretende [...]. Pode ser uma forma de comparação (ou, quem sabe, contraposição?) à tal axé music, gênero

> que inundou a mídia nacional nos últimos anos, com a pretensão de divulgar a cultura baiana, e que, aliada à música sertaneja, é responsável pela mediocrização da cultura nacional ao impor ao país esses gêneros como cultura e qualidade musical".

Tais acontecimentos acabaram impossibilitando a expansão do gênero musical, principalmente por serem proibidos nos Centros de Tradições Gaúchas. Houve grupos que, após essa fase, retomaram o estilo tradicional e o uso das vestimentas típicas do MTG. O grupo Tchê Barbaridade, por exemplo, decidiu voltar às raízes nativistas em 2011 com o lançamento do disco *100% gaúcho*. O grupo Tchê Guri fez o mesmo em 2012, a partir do trabalho *DNA gaúcho*.

Em contrapartida, o ritmo híbrido da vaneira swingada foi incorporado pelo sertanejo universitário. Um exemplo é a canção "Ai, se eu te pego", lançada em 2012 e um dos maiores sucessos da música brasileira contemporânea, interpretada pelo cantor paranaense Michel Teló. Segundo o estudo *Monsanto's Sounds: Michel Teló e as novas dinâmicas e representações da música brasileira*, de Allan Oliveira,

> "naquele mesmo ano, a canção seria o sexto *single* mais vendido do mundo e entre julho de 2011 e dezembro de 2012, a canção figurou nos *top charts* de mais de 25 países do mundo inteiro. Atingiu também um recorde que aponta para as novidades do consumo musical: foi a canção brasileira com o maior número de visualizações no YouTube – a segunda mais visualizada no mundo todo em 2012".

Esse estudo também traz questões interessantes sobre a expansão do gênero sertanejo universitário, a partir do seu contexto social e mercadológico. Segundo Allan Oliveira, essa sonoridade caracterizada por uma confluência de tradições musicais sertanejas, gauchescas e nordestinas aparece como o fundo musical da expansão do agronegócio no Brasil, centrado, sobretudo, no cultivo de soja: "É o caso, por exemplo, do citado funknejo. E não se trata somente de uma hibridação que opera no plano das sonoridades. Ela também ocorre no plano das sociabilidades, onde a música sertaneja se apropria de padrões de sociabilidade relativos a outros universos sonoros. É o que transparece na popularidade, cada vez maior, de eventos como micareta sertaneja, ou ainda, rave sertaneja".

O movimento de dança do maxixe gaúcho continuou em muitas cidades do estado, expandindo-se para Santa Catarina e Paraná. Em Porto Alegre, o Clube Tradição acolheu eventos desse segmento a partir de 2007. A partir de 2012, são formados grupos de dança como Swing Maxixeiro (São Leopoldo), Sensação Maxixeira (Gravataí), Ousadia Maxixeira (Sapucaia do Sul) e Estilo Maxixeiro (Cachoeirinha), entre outros. Em 2015, foi realizado na cidade de Tramandaí o 1º Congresso Brasileiro de Maxixe Gaúcho. Segundo o site Maxixe Gaúcho, é possível validar a prática das atividades no ano de 2016, através dos mais de trinta grupos ativos na Região Metropolitana de Porto Alegre, interior do estado, serra e litoral.

Os fatos nos levam a pensar nas muitas transformações sociais e mercadológicas que vêm ocorrendo nas produções musicais das últimas décadas, e também em como se agenciam as legitimações sobre as identidades musicais nesses contextos. Um dos pensamentos essenciais da etnomusicologia contemporânea tem sido atentar ao hibridismo, aos impasses e aos diálogos construídos, principais propulsores do conhecimento humano. Nos estudos que têm surgido e encontrado em Canclini a principal referência, é evidenciada a necessidade do olhar do pesquisador no processo, buscando compreender como se dão essas fusões e bricolagens, mais do que o foco nos resultados finais, que sequer existem ao falarmos em cultura. A partir dos sons, dos códigos sonoros, dos padrões identificáveis aos gêneros musicais e de suas fusões, é possível compreender o contexto social, como se esses elementos dessem pistas sobre as relações envolvidas ali.

Que esses estudos da música regionalista gaúcha nos ajudem a pensar cada vez mais a sociedade, reconhecendo seus micro e macro poderes, e apontando suas incoerências e intolerâncias.

Referências

CÔRTES, João Carlos D'Ávila Paixão. *Aspectos da música e fonografia gaúchas*. Porto Alegre: Represom, 1984.

COUGO JUNIOR, Francisco. *A Historiografia da "Música Gauchesca": Apontamentos para uma história*. Rev. Contemporâneos. Revista de Artes e Humanidades, Porto Alegre, n. 5, p. 1-23, mai./out. 2012.

FERREIRA, Clarissa. *Campeirismo musical e os festivais de música nativista do sul do Brasil: a (pós) modernidade (re) construindo o "gaúcho de verdade"*. Dissertação de mestrado (Musicologia/Etnomusicologia). Instituto de Artes, Universidade Federal do Rio Grande do Sul. Porto Alegre, 2014.

JACKS, Nilda. *Querência: cultura regional como mediação simbólica*. Porto Alegre: Editora da UFRGS, 1999.

OLIVEIRA. Allan de Paula. *Monsanto's Sounds: Michel Teló e as novas dinâmicas e representações da música brasileira*. Anais do Congresso da IASPM. Salvador, 2014.

SANTI, Álvaro. *Canto livre?: o nativismo gaúcho e os poemas da Califórnia da Canção Nativa do Rio Grande do Sul*. Dissertação de mestrado (Letras). Instituto de Letras, Universidade Federal do Rio Grande do Sul. Porto Alegre, 1999.

Como pó, poeira ou vento
Viaja o doce tempo
Aventura continente adentro
Ao sul segue ao centro

Vaga o som no corpo
De uma mulher
Vaga o som no corpo
De um instrumento
Na genética, DNA
Ou na étnica região de cercamento

Som da ilha que hoje não se fala
Vem parar no sul pra ser ligeira
Divide esse tempo em mais partes
E logo dá uma vaneira

Vai gravada nos tímpanos da América
Rumo ao sul equatorial
Para lá nos galpões transmutar
Fazendo alguém ganhar o festival

Levanta o baile, deus ô livre!
Essa é boa de balançar
Faz levantar a polvadeira
E até eu me ponho a sarandear

O que dirá o purista de plantão ao saber que Havana dá vaneira?

E inquieto esse ritmo articulado
Sobe num pulo pro país explorar

Vai de timbau, violão e acordeom
Para a indústria fono faturar

Foi num galope, agora era a isca
O mood indicado pra dançar
O que importa é o tal entretenimento
Anda ficando meio pesado pensar

E surrou várias noites inteiras
Bateria e guitarriada
Até os moços parar pra pensar
Como se tivesse hibridizando de primeira
Mas era só mais uma vez
Dos ritmos se conversar

Mesmo assim não quiseram saber
Só faltava prender
Quem ousasse tocar
Mas ele foi parar lá na TV
Nem atrevo mais dizer
Pra não ter que cantar

[A saga do dois por quatro]

Tradicionalismo, tá na hora de sair do armário![1]

Em 2014, o CTG Sentinelas do Planalto, em Santana de Livramento, sediaria o casamento coletivo de 29 casais antes de sofrer um incêndio criminoso. A motivação do crime teria sido o fato de que, entre os casais, um deles tinha uma relação homoafetiva. A ideia da juíza Carine Labres de realizar o casamento no CTG causou espanto e descontentamento por parte dos mais conservadores, que alegaram "não ser contra o casamento gay, desde que ele não ocorresse em templos do tradicionalismo". Entretanto, sabemos que a prática de realizar casamentos heterossexuais em CTGs é comum, e que esses eventos são comemorados pelos integrantes do movimento tradicionalista gaúcho. Em matéria do jornal *Zero Hora* de 22 de julho de 2014, escrita por Nelson Mariano, é posto que "os contrários ao evento se rebelam afirmando que os casais homoafetivos tentam profanar um reduto da virilidade rio-grandense." Isso leva a pensar: de onde vem o mito da macheza tão presente na cultura gaúcha? De que forma esse mito legitima a homofobia e a heteronormatividade?

1 Texto publicado originalmente em 8 de abril de 2016, no blog Gauchismo Líquido.

O legado cultural do patriarcalismo sulino é presente até hoje nas ações e práticas da sociedade contemporânea. Como sabemos, as questões da identidade gauchesca estão diretamente ligadas com a masculinidade. Segundo o antropólogo Roberto DaMatta, "a figura masculina é predominante nos locais que, como o Rio Grande [do Sul], têm suas identidades forjadas pelas questões políticas. Os gaúchos foram republicanos antes do restante do país. E o que quer dizer ser republicano? Quer dizer igualdade perante a lei, ter uma constituição que vale para todos, etc. Esses elementos acabam determinando uma imagem de um cara que luta pelos seus direitos, é assertivo, fala alto – e que acabou simplificado como machão." Quanto aos ideais republicanos, sabemos que é questionável a visão de que a Revolução Farroupilha, ocorrida de 1835 a 1845 e tida como um marco da identidade gaúcha, tenha possuído uma natureza "republicana", como é dito no *Manifesto contra o Tradicionalismo* (2007) escrito por um grupo formado por jornalistas, historiadores, produtores culturais, pedagogos e autoridades acadêmicas e já investigado há algumas décadas por diversos pesquisadores, como a historiadora Sandra Pesavento e o jornalista Juremir Machado. Porém, é evidente que o passado de conflitos armados motivados por disputas políticas e territoriais acabou estabelecendo entendimentos sobre a "cultura gaúcha" e esses estereótipos acabaram sendo desenvolvidos e endossados por representações literárias, musicais e cinematográficas.

Outra explicação para o "mito da macheza" pode ser entendida a partir do que afirma o historiador britânico Eric Hobsbawm em *Tempos fraturados* (2012), quando o pesquisador relaciona as construções de mitos ocidentais pela característica em comum de "serem gerados por um grupo social e economicamente marginalizado de proletários desarraigados." Ele diz que "os grupos que geram com mais facilidade o mito heroico, suponho, são as populações especializadas em andar a cavalo, mas que, em certo sentido, ainda se mantêm vinculadas ao resto da sociedade; ao menos no sentido de que um camponês ou um rapaz da cidade possa imaginar a si mesmo como um caubói, um *gaucho* ou um cossaco."

Esse tipo de criação social imaginária não está presente exclusivamente na cultura gaúcha. Segundo o historiador, a constituição desse mito possui uma fundamentação histórica secular no mito do centauro, que teria influenciado enormemente a cultura ocidental por meio de características masculinas, pastoris e que possuem ligação com o cavalo. Para Hobsbawm,

> "o que eles têm em comum é óbvio: tenacidade, bravura, o uso de armas, a prontidão para infligir ou suportar sofrimento, indisciplina e uma forte dose de barbarismo ou ao menos de falta de verniz, o que gradualmente adquire o status de nobre selvagem. Provavelmente também esse desprezo do homem a cavalo pelo que anda a pé, do vaqueiro pelo agricultor, e esse jeito fanfarrão de andar e se vestir que cultiva como sinais de superioridade. Acrescente-se a isso um distinto não intelectualismo, ou mesmo anti-intelectualismo. Tudo isso tem excitado mais de um sofisticado filho da classe média citadina."

O fato é que, apesar das performatizações artísticas atuarem, no meio gauchesco em geral, sobre esse estereótipo "do machão", como se refere DaMatta, temos que falar francamente: igual a todas as esferas da sociedade, também no meio tradicionalista há pessoas de diferentes orientações sexuais, e não são poucas – o que não é nenhuma novidade. Arrisco dizer que as autoridades que se posicionaram contra a cerimônia de casamento de casais homoafetivos nos Centros de Tradições não representam grande parte dos tradicionalistas, apesar de obviamente reconhecer que há no meio um grande preconceito, velado ou não, ainda pouco discutido por toda a sociedade. As novas gerações que frequentam os grupos de danças, intitulados "Invernadas Artísticas", no que pude observar no período que trabalhei em seus musicais, lidam muito bem com a questão. Assim como lidam muito bem as novas gerações, mostrando que realmente temos avançado nas temáticas de gênero enquanto sociedade e que o crescimento de expressões do conservadorismo e da homofobia acontece como uma contestação a essa nova realidade.

Sei que muitas pessoas se espantam ao pensar que ainda estamos discutindo essas questões em pleno século XXI, quando na esfera legal elas já estão resolvidas: desde 14 de maio de 2013, através da Resolução 175 publicada pelo Conselho Nacional de Justiça (CNJ), o casamento homoafetivo passou a valer no Brasil. Como podemos avançar contra a homofobia se a dicotomia de gênero ainda é performada nos Centros de Tradições Gaúchas? Como podemos mudar isso se o tradicionalismo tem o patriarcado como alicerce? A simples inclusão de pessoas LGBTQIA+ desempenhando os mesmos papéis de prenda e de peão é suficiente para considerarmos essa ação uma mudança cultural? Ficam as reflexões.

Referências

DAMATTA, Roberto. *Os gaúchos versus o Brasil*. Revista Aplauso. Ano 6, n. 12, 2003.

GOLIN, Tau. *Manifesto contra o Tradicionalismo*. Gauchismos, 2007. Disponível em: <http://gauchismos.blogspot.com.br/2007/05/manifesto-contra-o--tradicionalismo_5243.html>. Acesso em: 25 set. 2017.

HOBSBAWM, Eric. *Tempos fraturados*. São Paulo: Companhia das Letras, 2013.

Revolução na Fronteira: o polêmico casamento gay em um CTG de Livramento. *Portal GZH*, 2014. Disponível em: <https://gauchazh.clicrbs.com.br/comportamento/noticia/2014/07/Revolucao-na-Fronteira-o-polemico-casamento-gay-em-um-CTG-de-Livramento-4557168.html>. Acesso em: 02 nov. 2021.

O hino rio-grandense é racista?[1]

Este tema volta e meia vira pauta: o hino rio-grandense é racista? Vamos pensar o que essa questão pode nos trazer de reflexões sobre a cultura gaúcha e sobre a nossa sociedade hoje. A polêmica reacendeu quando vereadores da bancada negra de Porto Alegre, em protesto a um trecho do hino, não o cantaram nem levantaram durante sua execução na cerimônia de posse no dia 1º de janeiro de 2021. Desde então, jornalistas, historiadores e representantes sociais se manifestaram, dividindo opiniões. Nas redes sociais, muitas pessoas bradaram a urgência de rever o significado dos nossos símbolos.

Sei que muitas pessoas gostam do hino. A melodia passa um sentimento ufanista, é um tanto emocionante, tem toda uma questão afetiva, de memória e de pertencimento envolvida. Eu mesma já toquei ele muitas vezes, e há até um registro no DVD de João Luiz Corrêa, no Rodeio Internacional de Vacaria, do qual participei tocando o hino rio-grandense e também "Céu, Sol, Sul, Terra e Cor", um hino não-oficial que muitas pessoas de fora do Rio Grande do Sul confundem, inclusive, com o oficial.

---

1 Texto escrito a partir do vídeo publicado sob o mesmo título em 15 de janeiro de 2021, no canal *Clarissa Ferreira* no YouTube.

Mas para refletirmos sobre o hino, vale a pena dar uns passinhos atrás e entender como chegamos à questão. O hino foi composto durante a "Revolução" Farroupilha, uma guerra comandada pela elite estancieira que reivindicava menores impostos do Império, vale lembrar, e durou de 1835 a 1845. Após vencerem um combate conhecido como Combate do Rio Pardo, em 1838, os farroupilhas fizeram prisioneiros os integrantes da Banda do 2º Batalhão de Caçadores Imperiais, que estava sob a regência do maestro Joaquim José de Mendanha. (Faço um parênteses aqui para lembrar que o maestro Mendanha, além de mineiro, era negro. Sua figura reflete a interseccionalidade presente no contexto em questão e a ascensão social de homens negros a partir do ofício de músico, que era comum no período). O maestro e seus músicos, apesar de prisioneiros, foram bem tratados pelos republicanos. Isso se percebe na correspondência do General Netto ao General Bento Gonçalves, de 1838: "Fizemos presa de uma rica banda de música que felizmente ficou intacta".

Mendanha compôs a melodia do hino e pelo menos mais duas outras músicas, uma delas em homenagem a um soldado farroupilha morto em combate. Posteriormente, várias letras foram compostas para essa melodia. Ao longo da história, o hino foi chamado de Hino Farroupilha, Hino da Nação, Hino de 35, Hino Republicano Rio-grandense e, após a Proclamação da República em 15 de novembro de 1889, passou a ser denominado Hino Rio-grandense.

Em 1935, quando se comemoraria o centenário da Revolução Farroupilha, várias versões do hino eram cantadas. Até que o Instituto Histórico e Geográfico do Rio Grande do Sul nomeou uma comissão para decidir um hino definitivo para o estado e escolheu a letra de Francisco Pinto da Fontoura, adotada a partir de então em escolas públicas e atos oficiais. A oficialização do hino se deu em 1966 por meio de uma lei, republicada em 1968, que dispõe sobre o uso dos símbolos do Estado do Rio Grande do Sul. Ao mesmo tempo que oficializa bandeira, brasão de armas e hino, a lei suprime a segunda estrofe, sob a argumentação de que as pessoas não a cantavam:

> Entre nós reviva Atenas
> para assombro dos tiranos
> sejamos Gregos na glória
> e na virtude, Romanos

Já em 1930 a parte suprimida era criticada "devido a seu caráter belicoso, que estaria pondo em ameaça a unidade nacional que se pretendia construir." Getúlio Vargas, que era gaúcho, era Presidente da República nesse período. Sobre a exclusão dos versos em 1968, alguns pesquisadores falam que o fato tem a ver com o contexto político do regime militar, que havia iniciado em 1964, porque 1968 foi um ano de intensa repressão contra as manifestações de esquerda. Então, falar em "assombro dos tiranos" poderia instigar os revoltosos. Em 2007, um novo Projeto de Lei tentou restituir a versão original da letra, reaquecendo a polêmica em torno do hino, mas sem sucesso.

O que podemos pensar a partir desses fatos? Que os símbolos são escolhidos por algumas pessoas que detêm o poder, de acordo com seus interesses e suas ideologias. Ocorre uma invenção de tradições: elas são uma história contada a partir de determinado ponto de vista.

A construção da identidade do Rio Grande do Sul foi um projeto político, institucionalizado por leis e também por ações da sociedade civil inspiradas nos ideais positivistas, com forte influência dos países colonizadores e negligência às vozes na camada popular. Podemos até dizer que há uma apropriação de aspectos culturais indígenas e africanos, que estão presentes nessa construção sem ganhar os devidos créditos.

Dessa discussão recente, me tocou o argumento usado por alguns pesquisadores de que "escravo", no contexto de criação do hino, não se referia ao sistema escravocrata sobre raça, e sim à escravidão econômica, sendo no caso uma citação inspirada em outros povos e sem relação com o Rio Grande do Sul. Para mim, essa interpretação soa um tanto reduzida, porque estamos falando do hino de um estado onde houve uma escravização racial por séculos e de uma guerra motivada pelo interesse de pessoas que fizeram uso desse sistema, dessa mão de obra. Basta relembrarmos um pouco sobre a história das charqueadas. Nesse caso, é impossível não construir relação semântica com o povo negro ao falar de escravização, Rio Grande do Sul, século XIX, revolução, batalha de Porongos.[2]

---

2 Também conhecida como "Massacre de Porongos" ou "Traição de Porongos", a batalha foi o penúltimo confronto da Guerra dos Farrapos e ocorreu em 14 de novembro de 1844 no Cerro de Porongos, próximo à atual cidade de Pinheiro Machado/RS. Na batalha, um grupo de lanceiros negros foi surpreendido e arrasado por tropas do Exército Imperial em uma emboscada que vitimou mais de cem soldados. "Em vez de cederem a própria mão de obra, os farroupilhas capturavam os negros dos adversários, que serviam aos imperiais ou estavam foragidos, com a promessa de alforria após o fim da guerra", explica o jornalista

A verdade é que toda essa discussão toca diretamente na grande ferida social que é o racismo estrutural, fruto de séculos nos quais o modelo econômico se sustentava através da violência e da exploração de pessoas negras. Para quem não sabe, o ano é 2021 e há uma revolução anti-racista em curso no Brasil. São tempos de reparações históricas estruturais. É muito importante sempre lembrarmos que as tradições são construídas e que diversas delas vão se modificando com o tempo, de acordo com a construção de sentido para as pessoas e suas épocas. Elas não são coisas sagradas: são símbolos, representações de ideais.

Quais ideias estamos reproduzindo? Fica a reflexão.

Referências

MONTEIRO, Antenor de O. *Apontamentos sobre Mendanha e o Hino de 35*. In: Revista do IHGRGS. Porto Alegre: Globo, n. 58, p. 311-329, 1935.

SILVA, Juremir Machado da. *História regional da infâmia: o destino dos negros farrapos e outras iniquidades brasileiras (ou como se produzem os imaginários)*. Porto Alegre: L&PM, 2010.

Juremir Machado da Silva, autor de *História Regional da Infâmia: o destino dos negros farrapos e outras iniquidades brasileiras*, de 2010.

– Uma rabequista![1]

Dessa forma saudou-me Paixão Côrtes ao sermos apresentados na gravação do programa *Galpão Crioulo* especial em homenagem a ele, em setembro de 2016. Apesar do relativo distanciamento que tive como violinista dos conjuntos musicais acompanhadores de grupos de danças tradicionais gaúchas, não hesitei em participar do registro televisivo. O convite foi feito pelo grupo Brazão do Rio Grande, e aceitei pela oportunidade que teria de conhecer Paixão e ouvi-lo.

Tenho discordâncias do que se tornou o Movimento Tradicionalista e do entendimento de cultura, estancado a partir de regulamentações e ementas ditadas em reuniões da década de 1950 em diante. A cultura gauchesca institucionalizou-se. Ganhou regras, reuniões diretórias e até carteirinha para os membros. Excludente nos espaços físicos, proibitivos a quem não estivesse trajado conforme imposto, e excludente por não representar a multietnicidade do estado nessa identidade construída.

Paixão também demonstrou parte desse descontentamento. Já expôs o desejo de queimar o *Manual de danças gaúchas* escrito por ele e Barbosa Lessa, devido ao que se transformou o Movimen-

1 Texto publicado originalmente em 16 de setembro de 2016, no blog Gauchismo Líquido.

to. Em seu livro *Bailongo*, ele defende o direito do povo à cultura sem que este precise "ficar amordaçado aguardando referendo desta ou daquela entidade", ou ficar "escravo de 'gauchófilos' ou preconceituosos 'exorcistas' bailarinos", opinião evidenciada em adjetivações que se referem a tais ditadores culturais como "palpiteiros da tradição", "robôs tradicionalistas" e "saltitantes aloprados dançarinos urbanos de palco e salão".

Nesse aspecto, temos entendimentos similares. Temos em comum a gana de compreender a cultura sul-rio-grandense, porém com cerca de meio século de diferença. Ele como folclorista, eu como etnomusicóloga. Temos diferenças epistemológicas balizadas nos entendimentos científicos. Fico imaginando como foram as incursões de Paixão Côrtes pelo estado a cavalo, ônibus e caminhão, como ele relata, acompanhado de Lessa. Problematizo e relativizo minha inserção em campos etnográficos digitais, por pesquisar a música gaúcha feita e comercializada atualmente. Reconheço nele o pesquisador sério, refletido em tentativas de enaltecer o folclore como ciência, e que destaca a documentação cuidadosa das pesquisas feitas com o propósito de, segundo ele, "levar ao povo o que é do povo".

Paixão, acompanhado de Lessa, (re)inventou o gauchismo. Os dois perceberam a necessidade dessa reconstrução para além das motivações político-sociais, ou histórico-temporais, como o pós-guerra e o desconforto com o norte-americanismo crescente, juntamente com o Estado Novo e suas políticas de proibição de manifestações culturais regionais com o objetivo de construir uma identidade nacional homogênea. Eles compreenderam que o sentimento de pertencimento é significativo e extremamente poderoso. Captaram sua importância para a formação de uma coletividade, objetivando uma sonhada coesão social a partir de um entendimento sobre a sociedade compartilhado entre os indivíduos. Para isso, valorizaram as lembranças e as antigas vivências, aclarando a necessidade que temos de saber de onde viemos e como nos talhamos para, enfim, compreendermos quem somos hoje.

Foi um privilégio conhecê-lo. Naquele estúdio, pude sentir múltiplos tempos esbarrando-se em olhares de cumplicidade pela irmandade que a cultura traz, criando elos entre pessoas desconhecidas e unindo passado e presente num momento singular. Nos reunimos ali para ouvir Paixão Côrtes e, graças aos meios de difusão que hoje abarcam milhares de pessoas, fomos capazes de viver um rito pós-moderno de coletividade. De Paixão, recebemos ares de gratidão por ainda ter suas ideias propagadas.

Pensei no tempo, no envelhecer, nos legados deixados pela existência. Paixão fez o que poderia ser feito na época. Entretanto, não podemos desprezar que a cultura está em constante transmutação. Penso se hoje não devemos atualizar esses entendimentos, não para chegarmos à tão buscada coesão social, mas para atentarmos às diferenças dos sul-rio-grandenses e reconstruirmos essa representatividade.

Desejo que o legado de Paixão seja usufruído como inspiração, não como repetição. Temos muito o que conhecer de nossa história, de nossa identidade ainda jovem e em constante formação. Que possamos valorizar a parte positiva do que está posto, e construir nosso sentido de pertencimento com os elementos que trazem significado, provocam sentimento e nos permitem pensar. Talvez devamos preservar a rede de circulação dos bens culturais trazidos por Paixão, atualizando-os, e encarar o problema da identidade em outros termos, fora da procura de "raízes". Sabemos que cultura vai muito além do âmbito restrito e restritivo das concepções acadêmicas, ou dos ritos e da liturgia de uma suposta classe artística e intelectual. Ela está em tudo, o tempo todo, principalmente nos detalhes, sotaques, gestos e expressões. Os indivíduos não são seres passivos em uma tradição secular sobre a qual não têm controle e que só pode ser preservada. Hoje, eles fazem suas próprias colagens, extraindo referências da gigantesca e multiforme biodiversidade cultural do mundo.

Portanto, rabequista, sim, Seu Paixão! Ainda que violinista, aceito a alcunha do ser brincante. Ela evoca a leveza trovadoresca dos rabequistas, a mistura e a circulação dos contadores, cantadores, observadores do ontem e do agora; do que se construiu, descobriu e inventou, e que, por isso, também é nosso.

Referência

CÔRTES, João Carlos Paixão. *Bailongo – Livre de "marca" e "sinal"*. Gráfica Taperense: Tapera, 2001.

todo cientista tem uma teoria no empírico
menos eu e meu eu lírico
artista etnografa o onírico
como se gravasse o som
de um sonho
qual a bússola que conduz
o pensamento
como solar a linha do tempo

[trabalho de campo]

Berenice Azambuja: transgressão e hibridismo

Cada pessoa é única, e consequentemente cada artista também. Suas partidas muitas vezes trazem a consciência tardia de sua importância, a frequente circunstância do reconhecimento póstumo, como a compreensão de que a existência daquele ser em vida não poderá mais ser compartilhada. Podemos somar a isso o distanciamento temporal, como se passássemos a entender a pessoa que deixamos de (re)conhecer. A obra e o legado ficam, e serão presumivelmente eternos, estando disponíveis para possibilidades de escuta, conhecença e contemplação quando desejarmos ou quando algo, como uma necessidade de referências ou de memórias, nos chamar a fazê-lo.

Este texto é uma homenagem, uma reflexão sobre a representatividade e também uma breve análise etnomusicológica sobre a obra da cantora, acordeonista e compositora Berenice Azambuja, nascida em 1952 e falecida em 2021. A artista foi inquestionavelmente uma transgressora na música do Rio Grande do Sul e, ao buscarmos referências para repensar a história da música das mulheres no estado, é impossível não a citarmos.

Percebo nela a força das artistas das décadas passadas, quando a misoginia era tão grande que era inominável. Inegavelmente presente. Visivelmente silenciosa. Tantas outras como ela existiram, poucas com o mesmo reconhecimento. Se formos observar a narrativa contada por elas, estas não citam suas opressões, por mais que seja incontornável observá-las com nossos olhares e leituras de agora. Creio que a atitude delas foi, durante muito tempo, uma forma de lidar com os fatos, como uma estratégia, uma tática. E nessa atitude tenho observado como também era primorosa.

Em participação no programa *Jô Soares* no canal SBT, em 1990, Berenice é questionada pelo entrevistador por não usar as vestes "tradicionais" das prendas. Ela sutilmente responde que tem estilo próprio, fazendo uso de um chiripá estilizado, e que tal fato se dá por ela atuar em carreira solo, e não em dupla. Fica implícita na fala a heteronormatividade das representações do gauchismo, nesse caso nas vestimentas do peão e da prenda.

Seu jeito forte de cantar e a presença marcante talvez não demonstrem, em um primeiro momento, sua sutileza discursiva. Em meio a uma cultura que tem como característica olhar em demasia para si mesma, Berenice tinha o olhar além das fronteiras: muitas de suas composições apresentavam um sonoro hibridismo, em alquímica mistura de células rítmicas em voz e acordeom, complementares ao discurso poético e às parcerias de composição. Entre milonga e baião, fandango e forró, ela via mais ligações que diferenças, como é perceptível na composição "No jeitinho brasileiro" em parceria com Vaine Darde, gravada em álbum homônimo de 1989 e apresentada em rede nacional no programa citado de 1990. "Quem foi que disse que não dá pra misturar Sul e Nordeste tudo n'um compasso só?", afirma em versos musicados em milonga, anunciando e preparando para um refrão híbrido de gaita vaneirada, sobreposta a um triângulo forrozeiro e um baixo na básica célula rítmica-harmônica do baião.

E nestes outros versos da mesma canção: "Pois não vai ter macho algum que se avexe com o mexe remelexe tão bonito das mulher", o que será que ela está querendo dizer? Quer dizer que os machos costumam se "avexar" com "as mulher", Berenice? "Avexar", segundo meus conhecimentos de expressões linguísticas e com uma leve ajuda da enciclopédia digital Google, quer dizer ficar envergonhado ou tímido. Se eu pudesse conversar com Berenice, pediria: fala mais sobre isso? Talvez aí eu esteja querendo ver coisas demais, ou ver coisas onde não tem, pois é necessário também pensarmos que sua música era voltada ao baile, onde o movimento era inerente, e os machos "não podem" ter vergonha de tirar a mulher para dançar, o que não quer dizer necessariamente que os homens têm medo das mulheres. Tem aí também o "mexe remelexe das mulher" para a gente pensar em coisificação, que nas canções de baile não é novidade. Mas, se pensarmos nas limitações de movimento das prendas nas danças tradicionais, se "remelexer" é transgredir.

Chegando um pouco mais para *acá*, à cavalo pela linha do tempo das obras da Berê (ou melhor: *à carrálo*, como ela falava, com um sotaque muito específico e ênfase no segundo "a"), chegamos ao álbum *Mulher Quartuda*, e lá está ela: a coisificação! Como uma aderência ao discurso da masculinidade, provavelmente pela repressão da homossexualidade feminina ser tão presente nesta cultura que acaba se convertendo em masculinidade. Mas não consigo não colocar em questão que é uma mulher cantando essas coisas. Nos trabalhos de Berenice, é interessante observar como em algumas canções o eu lírico é masculino, enquanto em outras, é feminino. Essas canções falam tanto das experiências do "mundo das mulheres" quanto do "universo masculino". Em outras, ainda, é transpassada a fronteira de gênero.

No programa *Jô Soares* citado, o apresentador faz a seguinte pergunta: "Você acha que pra cantar esse tipo de música tem que ser macho? Tem que interpretar com aquela marra do gaúcho [ela interrompe: garra!]? Você baixa um espírito assim de gaúcho em vez de gaúcha, ou a música é adaptada para uma gaúcha? Porque a prenda não pode fazer essas coisas que tu faz aqui". Ela responde: "É, exatamente! Como eu te expliquei, eu dançava chula, eu dançava facões nas apresentações, nos shows que eu fazia, né? Agora não, porque depois o tempo foi passando, a gente vai engordando um pouquinho, e já não tenho mais aquela destreza de dançar como antigamente. Mas eu criei um estilo próprio meu no Sul, porque normalmente a mulher gaúcha se pilcha de prenda, e o peão de bombacha ou chiripá". É importante dizer que a dança da chula, na qual se sapateia ao redor de uma lança em desafio ao adversário, e a dos facões, que encena um duelo com armas brancas, são tradicionalmente dançadas apenas por homens. Assim, a transgressão de Berenice já fica demonstrada.

Mas não pense que esses lugares sociais não são confrontados e debatidos nas suas composições e escolhas de repertório. Em "Mulher cavaleira" (José Fortuna/Paraíso), gravada em 1986, ela canta:

> "Mulher cavaleira eu sou
> Sempre galopando estou
> Enfrento o perigo como qualquer homem
> Mulher cavaleira é meu nome".

Tanto que ela chega a cavalo nos estúdios para participar do programa *Jô Soares*, e o próprio apresentador brinca ao ver a foto na contracapa do disco: "Aqui, uma foto raríssima da Berenice sem cavalo". Nesses versos cantados por ela, fica claro seu posicionamento como diferencial em relação às outras mulheres, o que, apesar de reforçar que os padrões de comportamento relacionados a gênero existem, também faz com que sua fala transgrida esses modelos.

Falando em transgressão, na composição "Prenda Missioneira", de 1978, Berenice traz uma visão da prenda, em primeira pessoa, que rompe com o padrão recatado e submisso, trazendo o contraponto através do afrontamento:

> "Sou gaúcha do Rio Grande
> Sou uma prenda missioneira
> E nas lidas de mangueira eu sempre estou presente
> E não é qualquer vivente que me vença no rodeio
> Sou mansa, mas me guasqueio e ataco como a serpente".

Acho interessante como ela traz o arquétipo da "mulher cobra", ou o mito da serpente, historicamente representada pela víbora. Desde o *Gênesis* até a Teiniaguá das lendas gaúchas, que também era simbolizada por um réptil, essa é uma forma comum das mulheres serem simbolizadas. Na mesma composição, Berenice também se mostra valente e autônoma, ilustrando sua gaudéria e criativa defesa pessoal:

> "Nos bailes de domingueira em ramadas ou galpão
> Danço xote e um vaneirão nos quatro cantos da sala
> Meu par eu deixo na sala num rancheirão bem pulado
> Se o peão não for educado eu surro ele de pala".

As narrativas de Berenice sempre mostraram que as mulheres são indefiníveis, e isso transparece no fato de que as pessoas sequer ousariam defini-la ou enquadrá-la. Dessa forma, fica inviável a crítica explícita e sem chance a censura. Há certa genialidade discursiva aí. São mulheres que correm com as nossas certezas para bem longe. Há relatos sobre a cantora que contam que, em festas na capital gaúcha, ela causava medo e "ai de quem mexesse", por ciúme que fosse, mas também por uma pronta disposição para a briga. Ah! Não tinha vivente que se atrevesse mesmo, pelo que dizem. Ah! Essas mulheres que rompem o padrão esperado. Que difícil escrever sobre elas ou descrevê-las!

E essa permissividade para fazer, querer e cantar o mesmo que o velho, Berê? De onde vem? Se na música "É disso que o velho gosta", composição em parceria com Gildo Campos que foi seu grande sucesso, caiu mal colocar no mesmo balaio "fandango, trago e mulher", a jogada discursiva em "Tudo que o velho gosta", mais uma composição em parceria com Vaine Darde, superou a questão:

> "Meu velho é um peão largado que nunca negou a sina
> Em ser flor de assanhado por fandango, canha e china
> Conhecedor do riscado, entrava em qualquer biboca
> Para um surungo enfezado, um retoço com a chinoca
> Eu fui seguindo no pasto o rastro das suas botas
> Por isso é que eu também gosto de tudo que o velho gosta".

E assim é declarada a homossexualidade feminina na música regional gaúcha!

A gente estava falando sobre transgressão mesmo, né? O significado de transgredir é atravessar, ir além, não cumprir o esperado. E acho que o verbo combina muito bem com a artista quando ela descumpre a heteronormatividade e atravessa fronteiras, o que é desde sempre uma questão numa cultura que tenta nos segurar e manter nesse cercado. A música regionalista, que é a forma como a historiografia da música gaúcha deu conta de intitular a produção dos e das artistas populares, saiu pela culatra do tradicionalismo. Pela popularização do discurso, foi expandida a escuta. A expansão trouxe a mescla. Um "mexe remelexe" de elementos. O hibridismo tão temido pelo Movimento Tradicionalista Gaúcho.

Há um outro disco de Berenice que se chama *Dançando num saravá*, de 2013. Na composição que dá nome ao álbum, temos um exemplo muito interessante de sincretismo. A música mantém um tom jocoso, daqueles causos gaúchos engraçados que contam uma aventura, quase uma epopeia. Nela, Berenice narra um ritual afro-religioso, provavelmente da Umbanda, ou do Batuque, que é uma religião genuinamente gaúcha. Em um primeiro momento, a música me soou até meio desrespeitosa, mas pensem comigo se não parece um relato de quem conhece muito bem o lugar onde está:

> "Meus olhos escureceram e eu não enxerguei mais nada
> Me disseram os preto véio que a corrente tá formada
> Tava formada a corrente na terreira de Oxum
> E eu no meio saravando tirando meu cutufum
> Trouxeram a tal de maráfa e deram pra eu beber
> E com arro de guiné se atracaram a me benzer
> E lá num canto a preta véia fazendo a defumação
> E eu no meio corcoveando é o espírito do Pai João".

Apesar de algumas composições cantadas ou criadas por Berenice trazerem um sentimento ufanista, de amor à tradição, e muitas vezes seguirem o padrão da masculinidade performada nesta cultura, se destacam as possibilidades de hibridismo que ela semeia, seja trazendo para as canções elementos e temas tidos como "estrangeiros", que costumam ser até mesmo negados, seja aproximando e relacionando esses elementos artisticamente. "Chimarrão e água de coco", por exemplo, possivelmente ilustra mais semelhanças do que diferenças. Nessa música em que o eu lírico é "um cabra do Nordeste", são evidenciadas as questões separatistas do estado:

> "No Rio Grande andam falando em fazer separação
> Por lá estarei chegando pra unir meu coração
> Chimarrão água de coco cada qual tem seu sabor
> Misturando é bem melhor tem um gostinho de amor".

Misturando é bem melhor mesmo, fica a dica para todas as pessoas que fazem música por estes pagos, Berê, e que gostariam de ter o talento reconhecido como tivestes Brasil afora.

Por fim, gostaria de deixar aqui meu reconhecimento, respeito e admiração a todas as mulheres musicistas que ousaram fazer música neste estado com raízes tão machistas. Vamos terminar este texto cantando como a Berenice tanto gostava? "Churraaaaasco, bom chimarrão..." Se vocês leram isso cantando a melodia, podem cantar com a mesma métrica este verso: "O muuuuundo é das mulheres". Isso não é nenhuma invenção minha para finalizar o texto. A própria Berenice, bem assim, com seu "jeitinho brasileiro" de "gaúcha faceira", cantou o verso em 1985, quando eu e muitas pessoas que devem estar lendo isto não haviam nem nascido. Assim, Berenice mostrou que o feminismo desde muito esteve por estes pagos, e cabe a nós sempre garantir nossos direitos e honrar quem abriu caminhos!

Folclore e autoritarismo

Entende-se folclore como a sabedoria do povo transmitida ao longo de gerações através da oralidade. O folclore foi utilizado no século XX pelo discurso nacionalista como um instrumento de propaganda, razão pela qual foi particularmente apoiado por diversos regimes autoritários. O Dia do Folclore foi uma data oficializada pelo Congresso Nacional em 1965, com o intuito de "valorizar as histórias e personagens do folclore brasileiro, dando ênfase à cultura popular e buscando a sua preservação". Para entendermos melhor esse conceito, é necessário conhecer o contexto da oficialização da data e o que ela representa.

Inúmeros foram os movimentos no século XX de resgate e busca pela valorização das culturas locais. No livro *Projeto e Missão: O movimento folclórico brasileiro* (*1947-1964*), de Luis Rodolfo Vilhena, é discutida a ascensão e o declínio do movimento folclórico no Brasil e a busca por sua institucionalização como disciplina. Devido a sua debilidade teórico-metodológica, produtora de ideologia e não de conhecimento, agrega-se no presente uma conotação pejorativa à significação semântica da palavra.

As principais responsáveis pela construção da identidade cultural brasileira como conhecemos hoje foram as missões realizadas no século XX por Mário de Andrade e Marcos Pereira.

Com o objetivo de fazer um mapeamento musical do Brasil, o pesquisador Mário de Andrade percorreu diversas regiões do país de 1935 a 1938, gravando manifestações culturais. Devido à grandiosidade da missão, o projeto ficou inacabado, mas, como é citado no livro *Acervo de pesquisas folclóricas de Mário de Andrade, 1935-1938*, haviam mais de 1.200 fonogramas registrados dessas viagens. Os arquivos eram inacessíveis ao grande público até pouco tempo, quando a Secretaria de Cultura de São Paulo e o Sesc-SP lançaram um projeto fonográfico contendo seis CDs com parte dos registros sonoros. Os fonogramas apresentam registros de Pernambuco, Paraíba, Maranhão, Pará e Minas Gerais, e não há registros do Rio Grande do Sul.

Quase quarenta anos após a missão de pesquisas folclóricas de Mário de Andrade, Marcus Pereira começou uma viagem a fim de mapear o Brasil através da música e, diferente de Mário de Andrade, chegou até o Sul. Dessa busca, surgiram dezesseis volumes chamados de *Música Popular*, divididos em Região Nordeste, Centro-Oeste e Sudeste, Norte e Sul. Os quatro volumes de *Música Popular do Sul* trazem sambas, músicas da região das Missões, mazurcas, "polquinhas de galpão", canções, chulas, milongas, toques, batuques, terços, rosários, danças, cantos de pescadores, cantos de lenhadores, cacumbis, desafios, declamações, fandangos, rancheiras, bugios e xotes. Neles, estão Moisés Mondadori, Elis Regina, Beto Ruschel, Zé Gomes e Neneco, Os Tapes, Dércio Montiel, Noel Guarani, Telmo de Lima Freitas, Luís Meneses etc.

Em relação ao sul do Brasil, como sabemos, os mais reconhecidos responsáveis pelas pesquisas folclóricas foram Barbosa Lessa e

Paixão Côrtes. Conta-se que, após participarem de uma festa "de los gaúchos" no Uruguai, onde viram apresentações de dança e música, comida típica e vestuário, ficaram instigados a pesquisar o folclore sulino. Começaram, então uma busca pela "cultura de raiz" do povo rio-grandense, em uma empreitada sem apoio do governo ou patrocínio comercial. Dessas pesquisas surgiram os manuais de dança e música que se tornaram referência para a cultura tradicionalista do Rio Grande do Sul. O Movimento Tradicionalista Gaúcho (por meio dos Centros de Tradições Gaúchas associados a ele e situados em praticamente todo território do Rio Grande do Sul), diversos estados do Brasil e até mesmo outros países propagaram o conhecimento produzido por esses pesquisadores.

É importante lembrar que as danças tradicionais registradas por Lessa e Côrtes não abarcam todo o fazer folclórico do estado. Como o folclore está ligado à construção de identidade e de uma representação para o outro, o contexto temporal das pesquisas folclóricas no Rio Grande do Sul aponta o objetivo de construir uma imagem para o estado, de maneira uniformizante.

De acordo com Oliven,

> "ambos os autores, Côrtes e Lessa, estavam preocupados com os efeitos do crescimento da população, as consequências da urbanização e as modificações na família e nos grupos locais, problemática recorrente nas ciências sociais da época, fortemente influenciadas pelos trabalhos de Durkheim, escritos na França no século XIX".

Em 1943, Ralph Linton definiu o nativismo como "qualquer tentativa consciente e organizada, por parte dos membros de uma sociedade, de reavivar ou perpetuar aspectos selecionados de sua cultura", e sobre esse conceito Lessa escreveu:

> "Devido ao surto surpreendente do maquinismo em nossos dias, bem como da facilidade de intercâmbio cultural entre os mais diversos povos, observa-se que o núcleo das culturas locais ou regionais vai se reduzindo gradativamente, a ponto de se ver sufocado pela zona das alternativas. E a fluidez naturalmente se acentua, à medida que as sociedades mantêm novos contatos com traços culturais diferentes ou antagônicos, introduzidos por viajantes ou imigrantes, ou difundidos por livros, imprensa, cinema etc. [...] Conforme ensina Ralph Linton, 'embora os problemas de organizar e governar Estados nunca tenham sido perfeitamente resolvidos, uma coisa parece certa: se os cidadãos tiverem interesses e culturas comuns, com a vontade unificada que daí advém quase qualquer tipo de organização formal de governo funcionará eficientemente; mas se isso não se verificar, nenhuma elaboração e padrões formais de governo, nenhuma multiplicação de lei, produzirá um Estado eficiente ou cidadãos satisfeitos'".

Nessa afirmação de Lessa, ficam demonstradas ao menos duas situações importantes que teriam influenciado grandemente o entendimento do "gauchismo" ao longo dos anos. A primeira seria o surgimento do tradicionalismo como um movimento antagônico aos intercâmbios culturais que começavam a ser mais fortemente sentidos em meados do século XX, consequência do pós-colonialismo e da Segunda Guerra Mundial. A outra se refere à tentativa de uniformizar todos os indivíduos locais sob uma mesma cultura e sob os mesmos interesses, com a finalidade de obter uma "organização social de governo" e um Estado eficiente, ou seja, o mesmo que buscava o ideal nacionalista. Assim, podemos compreender a tentativa do movimento em padronizar a identidade do "gaúcho" para todas as regiões do Rio Grande do Sul.

É importante salientar a atuação do Estado na construção da representação oficial do gaúcho. Segundo Oliven, ela inicia já em 1954, seis anos após a criação do primeiro CTG, quando o governo do Estado cria, a partir da Divisão de Cultura da Secretaria de Educação e Cultura, o Instituto de Tradição e Folclore, que em 1974 é transformado na Fundação Instituto Gaúcho de Tradição e Folclore. Uma série de leis foram aprovadas a fim de institucionalizar certas práticas, como: em 1964, a oficialização da Semana Farroupilha, com a participação oficial em eventos comemorativos do poder executivo, que recebeu a "chama crioula" no palácio do governo e presidiu o desfile na capital do Estado; em 1966, a oficialização do Hino Farroupilha como hino estadual gaúcho; em 1988, a instituição do ensino do folclore em todas as escolas estaduais; em 1989, a oficialização da pilcha como "traje de honra e de uso preferencial".

É fato que os governos, de forma geral e como afirma Nilda Jacks, "tenham utilizado da tradição e cultura gaúcha para fundamentar retoricamente políticas ou atos políticos, na busca de legitimação ou reconhecimento". Mas é importante dizer que ideologicamente e historicamente o tradicionalismo esteve ao lado de visões conservadoras. Para Antônio Cecchin, em entrevista intitulada *Tradicionalismo e ditadura são irmãos siameses*,

> "durante a Ditadura Militar, o Tradicionalismo foi praticamente a única 'representação' com origem na sociedade civil que fez desfiles juntamente com as forças da repressão. Enquanto as demais esferas culturais eram perseguidas, com censuras, pri-

sões, tortura e morte, o Tradicionalismo engrossou os piquetes da ditadura — seus serviçais pilchados animaram as solenidades oficiais, chulearam pelos gabinetes e se responsabilizaram pelas churrasqueadas do poder".

Ele afirma que, em 1964, o Tradicionalismo foi incluído no projeto cultural da Ditadura Militar, "pois o 'Folclore', como fenômeno que não pensa o presente, serviu de alternativa estatal à contundência do movimento nacional-popular, que colocou o povo e seus problemas reais no centro das preocupações culturais e políticas". Na entrevista, ele argumenta que o Tradicionalismo usurpou o lugar do Folclore e se beneficiou do decreto do general Humberto Castelo Branco de 1965, que criou o Dia Nacional do Folclore, e suas políticas sucedâneas, sendo "a difusão de espaços tradicionalistas no Estado e as multiplicações dos galpões crioulos nos quartéis do Exército e da Brigada Militar fenômenos dessa aliança".

Para Cecchin, esse processo de oficialização dos tradicionalistas resultou na "federalização" autoritária, com um centro dominador (ao estilo do positivismo), quando ocorreu a fundação do Movimento Tradicionalista Gaúcho, em 1967.

> "Autoritário, ao estilo do espírito de caserna dos donos do poder, nasceu como órgão de coordenação e representação. Paradoxalmente, enquanto muitos frequentadores de CTGs eram perseguidos ou impedidos de transitarem suas ideias políticas no âmbito de suas entidades, o Tradicionalismo oficialista atrelou o movimento ao poder, pervertendo o sentimento de milhares de pessoas que nele ingressaram motivados por autênticos sentimentos lúdicos de pertencimento e identidade fraterna."

Ainda que haja a possibilidade de ressignificação desses elementos, é essencial que se aborde os fatos históricos e os alicerces da construção identitária. Atualmente, faz-se arte inspirada em algumas identidades gauchescas que se construíram no decorrer dos anos. Já que folclore está ligado a "raízes", usar esse termo para se referir às composições que hoje alimentam a indústria fonográfica ou que participam dos festivais de música inédita nativista pode ser, no mínimo, arriscado.

O compositor Carlos Catuípe, um dos idealizadores do movimento litorâneo, afirmou, em reportagem realizada por Gilmar Eitelwein no ano de 1991, que se inspirou no folclore afro-açoriano do litoral para compor canções e estabelecer um movimento diferente da construção homogeneizadora do gaúcho da região da campanha, por exemplo. Catuípe disse:

> "Estamos pesquisando os grupos de Maçambique e Ternos de Reis em Osório há uns cinco anos, desde que cheguei aqui comecei a acompanhar os grupos locais e os festivais nativistas, aí pensei em aproveitar o folclore dessa região para moldar uma nova música popular para o Sul. O Nativismo é meio elitista, sinto que nosso povo não consome nossa música [...]. A cultura negra não é muito forte aqui, pela própria formação do estado. Me apaixonei pelo Maçambique, seus tambores e seu ritmo e falei para o Ladislau escrever em cima disso, pegar as quadras, respeitar o ritmo original e criar algo o mais popular possível."

Vale lembrar que, nas palavras de Albuquerque Júnior, linguagens como música, cinema, teatro, pintura etc. "não apenas representam o real, mas instituem reais". Procura-se, dessa forma, apreender o fenômeno musical para além de seu efeito lúdico, buscando entendê-lo também como elemento de (re)produção de realidades sociais, conservando-as ou as modificando. Muito similarmente ao estudo de Nilda Jacks sobre a cultura gaúcha sob o domínio da indústria cultural, a questão em análise não é classificar ou diagnosticar. Trata-se, pois, de um levantamento das possibilidades de a produção simbólica estar ligada à representação de uma realidade que oculta as contradições mais profundas de sua estruturação, ao invés de elucidá-las. Nesse tipo de pesquisa, não está em disputa a questão do gosto musical, mas sim a análise de uma produção cultural que, por consequência, cria a formação de juízos estéticos mediante um sistema organizado pela reprodução do capital.

Mais recentemente, o antropólogo Hermano Vianna encabeçou um projeto intitulado "Músicas do Brasil", que, de forma menos cristalizada que os folcloristas de meados do século XX, efetuou gravações musicais de diversas partes do Brasil e mostrou a incrível diversidade cultural existente. Uma das muitas contribuições do pesquisador são os conceitos de circulação e rede, que estariam justapostas às culturas populares. Ele diz:

> "Tudo circula: pedaços de melodias; versos; instrumentos musicais; detalhes de indumentária; trechos de encenações teatrais. Cada mestre de brincadeira, ou cada brincante, não atua como o espectador passivo de uma tradição secular sobre a qual não tem nenhum controle e só pode 'preservar'. Seu papel é mais de um DJ, ou qualquer outro produtor musical cibernético, que faz suas próprias colagens a partir de determinado repertório: o gigantesco e multiforme banco de dados da biodiversidade brincante brasileira. Cada mestre recompõe os elementos de todas as outras brincadeiras. Não existe, portanto, problema de origem. [...]. Existe um espaço de brincadeira no Brasil. Esse

espaço, como o ciberespaço, tem a estrutura de uma rede, uma rede inter brincadeiras."

É interessante pensarmos que, além das questões sobre o folclore que raramente perpassam os debates (ser domínio público ou autoral, ser de tradição oral ou gravada, ou ser necessário um certo tempo para que algo possa ser considerada "folclórico"), a discussão levantada é sobre como a cultura está ligada a finalidades mais "leves" do que as restritivas trazidas pelo conceito de folclore. Ou seja, as danças, músicas e encenações devem existir para o desfrute do povo, e não para colocar visões limitantes nele.

O argumento dos folcloristas tradicionais é o de resguardar a cultura popular para que ela não se perca, e sobre isso Hermano Vianna também traz uma bela reflexão:

> "Cada brincadeira é um nó da rede, estando assim interligada a todas as outras brincadeiras. O erro de muito preservacionista bem-intencionado é achar que para salvar um folguedo da ameaça de desaparecimento é necessário isolá-lo do resto do mundo, mantendo à força sua 'verdade' ou 'autenticidade' (uma ideia avessa à mistura e à 'circulação'). Como os militares estrategistas que inventaram a internet perceberam, o que é preciso 'preservar' é a rede, a capacidade das informações circularem dentro da rede, e não um nó específico. Numa rede 'saudável', a destruição de um nó não é ameaça para o todo: as informações encontram logo outros caminhos para fazer novas parcerias, novas ciberbrincadeiras. [...] Muitas vezes é nessas brincadeiras que são renegociadas algumas das características mais centrais daquilo que se convencionou chamar de 'identidade nacional' ou 'raízes do Brasil'. Optar por pensar o 'espaço da brincadeira' como uma rede, é também fazer um esforço para encarar o problema da identidade em outros termos, fora da procura de 'raízes'".

Assim, ao longo dos últimos tempos, a retórica "preservacionista" tem sido substituída pelo discurso que engloba processos naturais de mudança musical, mas que também reconhece e responde à situação mundial de gêneros musicais. Como afirma Homi K. Bhabha, "o trabalho fronteiriço da cultura exige um encontro com 'o novo' que não seja parte do continuum de passado e presente". Ele cria uma ideia do novo como ato insurgente de tradução cultural. Essa arte não apenas retoma o passado como causa social ou precedente estético; ela renova o passado, reconfigurando-o como um "entre-lugar" contingente, que inova e interrompe a atuação do presente. O "passado-presente" torna-se parte da necessidade, e não da nostalgia de viver.

Referências

CECCHIN, Antônio. Tradicionalismo e ditadura são irmãos siameses. IHU Online. Disponível em: <http://www.ihuonline.unisinos.br/artigo/6619-antonio-cecchin-2>. Acesso em: 03 dez. 2021.

EITELWEIN, Gilmar. Tafona e Candeeiro na mesma semana. Zero Hora, 1991.

OLIVEN, Ruben. "O renascimento do gauchismo". In: GONZAGA, Sergius; FISCHER, Luís Augusto (Orgs.). Nós, os gaúchos. Porto Alegre: EDUFRGS, 1998.

VIANNA, Hermano. A circulação da brincadeira.

VILHENA, Luis Rodolfo. Projeto e Missão: O movimento folclórico brasileiro (1947-1964). Rio de Janeiro: Funarte/Fundação Getulio Vargas, 1997.

Quem sabe ainda somos
Como as mulheres da guerra
À espera
À luz de velas
À beira do fogo
Com nossos papiros e penas
Sem cérebros artificiais
Bordamos os panos de prato
E bordamos os panos de chão

Pois nada mudou
Nada mudou
Só hormônios e construções

Nada mudou
Nada mudou
Homônimas revoluções

Nada mudou
Nada mudou
Porongos e traições

Aprendemos a amar, mas não a nós
Somos feitas pro amor, mas não a sós
Fomos feitas pra amar, mas não a nós
Fomos feitas pro amor, mas não a sós
Aprendemos a amar, mas não a nós
Somos feitas pro amor, mas não a sós

Quem sabe ainda somos
Como as mulheres da guerra
À espera
À luz de velas

[Mulheres da Guerra]

Mulheres no Rio Grande do Sul[1]

"Como é ser uma das poucas mulheres que toca nos festivais nativistas?" Fizeram-me essa pergunta diversas vezes na beira do palco, logo depois de tocar, vinda dos profissionais que cobriam para a rádio ou TV os muitos festivais nos quais me apresentei, num período em que atuei assiduamente no cenário musical nativista. Com o passar dos anos, comecei a pensar sobre as questões de gênero e a problematizar como se dava minha atuação nesse universo. O tema me levou a querer entender como a figura da prenda foi construída culturalmente, a partir do estranhamento do estereótipo vigente da "mulher gaúcha" como um ideal.

Falar sobre ser mulher numa cultura machista é um tabu. Ainda sinto muita resistência a isso, inclusive entre as mulheres que de certa forma se identificam com o regionalismo. Mas como cultura também é movimento, mesmo numa cultura patriarcal de submissão da mulher existe muita resistência, questionamento, reação e criação de táticas. Acho que isso é inerente ao ser humano, mesmo que não seja organizado e intencional num primeiro momento.

Num texto de 1984 para a *Zero Hora*, Luis Fernando Verissimo escreve:

---

1 Texto escrito originalmente em novembro de 2020, para o primeiro episódio do podcast *Gauchismo Líquido*, disponível nas plataformas digitais.

"Machistas, nós? Bom, talvez um pouco. Nossa história toda foi guerreira, campeira e patriarcal. Em sociedades assim o homem faz da mulher, menos do que um assessor, um acessório. A mulher é subalterna e ai que não goste. Nada mais educativo do que nossas danças tradicionais, em que os homens sapateiam, batem as esporas, cruzam os facões e brilham enquanto as prendas rodam a saia. [...] A mulher não se mete neste mundo de admiração masculina. A prenda é a idealização da fêmea que não se mete. [...] Se isto é verdade, e se a nossa tradição é mesmo esta, como se explica que o Estado tenha produzido tantas mulheres, digamos assim, metidas? Mulheres que não se contentaram em ficar rodando a saia. Antiprendas. Mulheres que, na sua vida e no seu exemplo, negam a velha lei de que mulher de gaúcho não se mostra: as de casa ficam na cozinha e as outras no chineiro, ou no segredo..."

Só esse texto dá muita coisa para refletir. Pensar na categoria "mulher gaúcha" por si só já é ficar presa numa cerca! Primeiro porque, para começar, "mulher" é uma categorização limitante e universalizante, que impõe determinados tipos de comportamento e que padroniza vivências que são múltiplas e diversas. É muito fácil cair em estereótipos dentro do conceito de "mulher gaúcha", muito pelo fato de essa identidade ter seu alicerce no universo agro-pastoril e ter sido trabalhada ao longo do tempo na música, no cinema e na literatura a partir de uma visão colonizadora. Como escreveu Verissimo, pensar o ambiente doméstico e o do "chineiro", que é a prostituição, já cai no estigma de "mullher pura" versus "mulher impura".

Atento aqui para as relações de classe e raça que ampliam as possibilidades de vivência neste território sendo mulher. Como trouxe a colega pesquisadora Juliana Flor, o estereótipo da "mulher prenda" em sua constituição e representação é a imagem da mulher branca, a sinhá, a proprietária de terras e de escravizados, que apesar da possível submissão e restrição ao ambiente doméstico, não possui a mesma condição das mulheres escravizadas no período. Também é importante destacar que o estereótipo da "china" é muitas vezes retratado por uma mulher indígena ou de descendência indígena, utilizando-se expressões como "morocha", "mestiça", "morena" e "bugra" para denominá-la. Essa mulher é extremamente objetificada e sexualizada em obras literário-musicais.

Antônio Augusto Fagundes, o Tio Nico do *Galpão Crioulo*, escreveu sobre o tema em *As santas prostitutas*. O livro traz a pesquisa do autor na área da Antropologia, onde relata casos de devoção às mulheres que a sociedade via como prostitutas e como essa devoção seria uma característica da cultura popular do Rio Grande do Sul. Essas mulheres muitas vezes eram vistas como prostitutas porque eram livres e não quiseram se casar ou obedecer a um determinado padrão social.

Essa imagem da mulher ideal tem uma explicação histórica. Ela vem de um modelo positivista, uma corrente ideológica de origem francesa, muito forte no Rio Grande do Sul, que entendia que as mulheres deveriam ser a base da casa, da educação dos filhos, reduto dos bons costumes, regeneradoras da sociedade e mantenedoras dos valores sociais. Importante citar que, como atenta Guacira Lopes Louro, "no período colonial apenas as mulheres escravas participavam da força produtiva e essa era uma força de trabalho sem necessidade de qualificação. [...] Para as mulheres da elite, fundamentalmente, se dava educação moral, prendas domésticas, religião, piano, muito pouco de matemática e português, coerente com o papel que vão desempenhar na sociedade". O ideal da mulher educadora vai se refletir algumas décadas depois nas mulheres professoras, que encontravam no magistério uma das poucas possibilidades de exercer uma profissão fora do ambiente doméstico.

Sobre o trabalho doméstico também precisamos falar. O tema inclusive vem sendo desenvolvido pelas feministas marxistas, que pensam como o trabalho doméstico foi sendo entendido enquanto função das mulheres com o surgimento do capitalismo e como houve um confinamento das mulheres ao trabalho reprodutivo. Essa discussão tem muito a ver com *A política sexual da carne*, de Carol J. Adams, uma teoria feminista que relaciona diretamente o sistema de dominação das mulheres à exploração dos animais e da natureza como um todo.

Como exemplo, basta pensarmos no povoamento do Rio Grande do Sul, no momento da demarcação das fronteiras. Não havia gado aqui, e muitos animais foram extintos devido ao desmatamento necessário para se instituir a criação de vacas e bois. Esse modo explorador, de apropriação de terras a partir de cercamentos, reflete-se muito na dominação das mulheres e também no próprio conceito de família, ligado à hereditariedade e ao contrato social do casamento. Inclusive, "família" vem do latim *famulus*, que significa "escravo doméstico", um termo que foi criado na Roma Antiga para designar grupos que eram submetidos à escravidão agrícola. Essa concepção ainda não envolvia vínculo sanguíneo: a noção da família ligada pelo afeto foi se moldando e transformando à medida que os contextos sociais mudaram. Nesse sentido, a família antiga tinha por missão a conservação dos bens, a prática comum de um ofício e a proteção da honra. Ela não tinha função afetiva, assim como o casamento, já que as pessoas não se casavam por amor antes da concepção do amor romântico.

Voltando à ideia da mulher como educadora no século XX, o livro *Prendas e antiprendas*, da pesquisadora Guacira Lopes Louro, fala sobre como o Instituto de Educação de Porto Alegre contribuiu para a ideologia de um perfil feminino em sala de aula. No Instituto eram ensinadas as "boas qualidades femininas", como obediência e submissão. Eram muito valorizados, por exemplo, aspectos relacionados à postura, atitude e requinte. Quando uma mulher quisesse demonstrar sua opinião, ela não deveria ser impositiva, mas sutil; uma mulher não podia ficar em primeiro plano, mas influir na surdina, nos bastidores. Podemos deduzir quanto desse entendimento vai sendo passado na educação até hoje, em frases como "senta direito", "senta que nem mocinha", "não fala desse jeito" etc.

Com muita luta, os movimentos feministas foram conquistando o direito à educação, o que com certeza vai seguir abrindo portas às mulheres e ampliar suas possibilidades de existir. Até o século XX, defendia-se que a mulher deveria ter menos instrução que o homem por razões morais, e muitos acreditavam (ou falavam que acreditavam) que a mulher era intelectualmente inferior ao homem.

Até a década de 1970, houveram movimentos organizados de mulheres que não se identificavam como feministas. Eram grupos que reuniam donas de casa, literatas e universitárias, além de clubes de mães, pastorais de igrejas etc. Para citar alguns, em 1943 surgiu a Academia Literária Feminina do Rio Grande do Sul, em 1954, o Centro dos Professores Estaduais do Rio Grande do Sul

(CPERS) e em 1968, a Associação das Secretárias do Rio Grande do Sul (ASERGS).

Os grupos mais identificados com o feminismo começaram a aparecer na década de 1970. Em 1976, surge o Grupo de Mulheres de Porto Alegre ou Costela de Adão, precursor do feminismo no Estado. O nome "Costela de Adão" foi dado em homenagem "àquele que deu, voluntariamente, sua costela", contavam as integrantes de forma bem-humorada e irônica. Em 1979, surgiu o Grupo Ação Mulher, que se constituiu numa terceira vertente do Movimento Feminista gaúcho.

No artigo *O "abre-alas" do movimento de mulheres no Rio Grande do Sul*, a pesquisadora Sônia Vieira fala que o movimento adquiriu novas características a partir da década de 1980 por ocasião da retomada das eleições no Brasil. O momento intensificou a criação de organizações de mulheres, não apenas de características exclusivamente feministas, mas também atreladas a partidos políticos, sindicatos, universidades, movimentos de ambientalistas etc. Muitas delas perduraram até o início deste milênio.

Haviam grupos de mulheres que defendiam que o Movimento Feminista deveria ser completamente desvinculado do Estado, e também grupos feministas que defendiam a autonomia do Movimento, embora entendessem que deveriam fazer parcerias pontuais com o Estado. Os grupos que buscavam autonomia dedicaram-se a pautas específicas do universo da mulher, tais como aborto, contraconcepção, sexualidade etc.

Esse desenrolar histórico mostra que os movimentos persistem e que muitas vezes não são unificados, afinal, o enfrentamento é complexo. Mas a luta feminista vem se intensificando, e de forma bastante organizada. Poderíamos citar dezenas de grupos de mulheres atuantes nas mais diversas áreas, do Direito às Artes, que vêm se articulando e repensando formas de existir e resistir. No espectro regionalista, são presentes atualmente piquetes feministas e grupos musicais de estilos variados que, mesmo que ainda não problematizem as simbologias em sua totalidade, demonstram visível interesse e despertar de consciência sobre o feminismo. É importante falarmos sempre e cada vez mais sobre a produção artística e intelectual feminina. Esse ato maximiza e celebra o conhecimento das mulheres do Rio Grande do Sul para além de estereótipos construídos que veem a "mulher gaúcha" como um patrimônio. Este repensar é um longo caminho, mas seguiremos em frente.

Referências

ADAMS, Carol J. *A política sexual da carne: Uma teoria crítica feminista-vegetariana*. São Paulo: Editora Alaúde, 2018.

FAGUNDES, Antonio Augusto. *As santas prostitutas: Um estudo da devoção popular do RS*. Porto Alegre: Martins Livreiro, 1987.

LOURO, Guacira Lopes. *Prendas e antiprendas: uma escola de mulheres*. Porto Alegre: Editora da UFRGS, 1987.

VIEIRA, Sônia Bressan. *O "abre-alas" do movimento de mulheres no Rio Grande do Sul*. Revista de Ciências Humanas, v. 6, n. 7, 2005.

A elas o charco lodoso do Manantial?

A vida imita a arte ou a arte imita a vida? Entre contos *gauchos* e gauchescos é sempre a mesma história. Um passado de glórias não é emblema das fêmeas por esses pagos. Por Simões, Maria Altina e o Manantial e os cabelos da china Rosa que viram buçal. *Allá de la frontera* Aurelia *en los cangrejales* da escritora argentina Silvina Ocampo. "A intrusa", de Borges, também *allá*.[1]

O charco lodoso endossa desde outras eras o imaginário social. O fim para elas, as personagens que representam a nós, é a fome da terra que engole. A mesma sede do mar por Alfonsina, que simboliza o fim do desgosto, a canseira da fuga por amor, honra ou somente vida.

---

1 Os nomes citados neste texto são de personagens femininas da literatura do Rio Grande do Sul e da Argentina, que têm em comum o machismo representado em seus enredos. Do livro *Contos Gauchescos* (1912), do escritor pelotense João Simões Lopes Neto, cito Maria Altina, do conto "No Manantial", Rosa, do conto "Os cabelos da china", e Tudinha, do conto "Negro Bonifácio". Aurelia é a personagem do conto "Azabache", publicado na obra *A fúria* (1959), da escritora argentina Silvina Ocampo. "A intrusa" é um conto de Jorge Luis Borges publicado pela primeira vez no livro *El Compadrito*, em 1945. Mais adiante, cito Alfonsina Storni, referindo-me à escritora argentina e à sua história, que serviu como inspiração para a música "Alfonsina y el mar", de Ariel Ramirez e Felix Luna.

E Tudinha, e alguma Rosa, todas elas representam um fato ocorrido ou algo a sempre permanecer; como a cultura, de geração a geração, em verso ou prosa, em gesto, em silêncio, em som, toda mensagem do passado para o presente é passada. Quem vive nesse corpo fêmea pressente como se tivesse a lembrança de eras, sempre à espreita. As mulheres que correm com os lobos... não! Aqui nos pagos, somos as próprias sorras.

Quantas vidas passadas, karma, clamam embaixo da mesma lama, embaixo da mesma terra. E este texto é um grito que clama que se acorde desse mítico que legitima a violência, o terror, a barbárie e a escassez.

Nem chinoca, nem flor, nem morocha: sobre o machismo na música gaúcha[1]

Este tema me acompanha desde que comecei a atuar no universo musical tradicionalista e nativista, onde a presença feminina é muito pequena, restringindo-se a algumas cantoras e poucas instrumentistas. Apesar de tanto pensar sobre essas questões, aliando a prática com a pesquisa em música, durante muito tempo não me sentia confortável para falar sobre o assunto. A partir do meu distanciamento geográfico, nos anos que residi no Rio de Janeiro, e da vivência com representações artísticas com esse enfoque, como exposições, filmes e leituras, amadureci algumas reflexões, e com elas veio a necessidade de dividir e dialogar de forma mais densa.

Sendo assim, vamos iniciar este texto considerando algumas questões: já pensaram por que as mulheres na cultura gaúcha usam saias longas em suas performances musicais? Quantas vezes vocês já ouviram músicas cantadas por mulheres representando a esposa ou filha que esperava os homens voltarem da guerra? Até que ponto essas questões são tradicionais? Será que há esforço

1 Texto publicado originalmente em 21 de novembro de 2014, no blog Gauchismo Líquido.

por parte de alguns órgãos institucionais e da mídia para que tais estereótipos sejam reforçados?

Pensando nas representações visuais e performáticas femininas nesse contexto, chegamos diretamente ao ideal da "prenda", como é denominada a mulher pelo Movimento Tradicionalista. O perfil dela está relacionado a um comportamento delicado e recatado, através de vestimentas que colaboram com essa imagem. Os vestidos e saias longas também representam um tempo passado, remetendo às damas da sociedade do século XIX: "um vestido longo e rodado, decote recatado, mangas, cintura marcada, saias muito armadas e cheias de babados, laços, rendas e enfeites florais, enfim, uma redundância daquilo que é imaginado como emblemático do feminino", como descreve Ondina Fachel em *Os Gaúchos: cultura e identidade masculinas no pampa*.

Uma amostra de que esses entendimentos são totalmente construídos é a citação feita por Barbosa Lessa no livro *Nativismo: um fenômeno social gaúcho*, de 1985, no qual o autor explica por que as "prendas" devem vestir-se assim:

> "E como é que é o vestido das moças: como modelo, aproximado, só havia os vestidos caipiras, das festas juninas de São Paulo, ou as 'folhinhas' anuais distribuídas pela Cia. Alpargatas na Argentina. Paixão encasquetou que deviam ser vestidos compridos até os tornozelos; eu argumentei que se nós, rapazes, estávamos trajando nossas costumeiras bombachas, não carecia que as moças se voltassem para tão longe nos antigamentes; isto não chegou a ser posto em votação, mas o bigodudo Paixão nos venceu pelo cansaço...".

É importante ressaltar que uma subdivisão do livro faz referência aos pesquisadores Eric Hobsbawm e Terence Ranger, autores de *A invenção das tradições*, obra publicada em 1983 e traduzida para o português já em 1984. Um dos capítulos do livro de Lessa possui este mesmo título, *A invenção das tradições*, e enumera diversas criações sugeridas por ele e por Paixão Côrtes, hoje tidas como naturais na cultura gaúcha. No livro dos pesquisadores ingleses é defendida a tese de que "tradições inventadas" são reações a situações novas que ou fazem referência a situações anteriores, ou estabelecem seu próprio passado através da repetição quase que obrigatória.

O livro de Lessa nos mostra como a representação feminina foi construída a partir de alguns entendimentos e como ela vem sendo reproduzida até hoje, mesmo nas visões compreendidas como modernizadoras da cultura gaúcha. O objetivo aqui é debater como essas questões são entendidas como naturais, com a justificativa de serem culturais, e como certos tratamentos diferenciados de acordo com o gênero são ancorados nessa justificativa.

O fato vai transparecer em como as mulheres são retratadas na música gaúcha. A pesquisa realizada por Laura Silva e Leandro Oltramari no ano de 2010, intitulada *De beija-flor a urubu: representações das mulheres na música gaúcha*, faz uma análise de composições dos segmentos da música campeira e da tchê music, onde cerca de 80 músicas que se referiam de alguma forma à mulher foram classificadas em sete categorias. A categoria na qual se encaixaram mais músicas foi "Coisificação das mulheres", composta por canções que, de alguma maneira, caracterizam as mulheres como algo atrelado ao uso e ao consumo, e que, portanto, está fora da posição de sujeito e perto da ideia de coisa. Como exemplo, os autores apresentam trechos como este:

> "Aprendi a domar amanunciando égua
> E para as mulher vale as mesmas regras
> Animal te para
> Sou lá do rincão
> Mulher pra mim é como redomão
> Maneador nas pata, pelego na cara".

A letra faz parte da composição "Morocha", de Mauro Ferreira e Roberto Ferreira, apresentada no festival Coxilha Nativista, em 1984. Houve desaprovação de parte do público, como vocês podem conferir em registro audiovisual disponível na internet.

O processo de coisificar a mulher foi detalhado por Simone de Beauvoir, que afirma que essa construção cultural faz com que a mulher se torne propriedade do pai ou do marido, assim como a terra, os filhos e os animais. O entendimento é corroborado na comparação das mulheres com animais e demais elementos da natureza a serem dominados ou contemplados, como as flores, as estrelas etc. Essas representações de machismo são expostas, na grande maioria das vezes, de forma velada, o que é relacionável ao conceito de "poder simbólico" do sociólogo Pierre Bourdieu.

A atitude passiva e submissa imposta às mulheres pode ser percebida como uma reação a partir das relações de poder implícitas, evidentes na frequente renúncia delas à própria vida em função do outro ou para agradá-lo. A coisificação, simbólica ou representativa, é o caso do termo "prenda", que significa um presente, algo que pertence a alguém, mais uma vez distante da posição de sujeito. Sobre o termo, o historiador Tau Golin alerta:

> "O termo prenda foi inventado pelo tradicionalismo, as mulheres do Rio Grande do Sul nunca foram chamadas de prenda

historicamente. Então é um conceito que começou a ser transformado em realidade e produzido naturalmente e naturalizado. [...] Isso vai aparecer de várias formas na cultura como, por exemplo, a própria invenção dos homens, a partir do CTG 35 e que hoje está instituído no MTG, de a mulher não aparecer mais como um gênero feminino, mas através da alcunha de prenda. O sentido, a essência do termo prenda não é só etimológico, mas a visão do homem tradicionalista sobre a mulher. Prenda significa adereço, aquilo que é um penduricalho do homem, aquilo que o homem usa até com algumas palavras pretensamente afetivas, mas que na verdade destina este lugar à auxiliar e jamais a possibilidade de desenvolver uma cultura na qual os gêneros e as relações sociais sejam desenvolvidos entre iguais, não interessando o protagonismo".

Voltando à análise das canções, os autores da pesquisa citada subdividiram a categoria "Coisificação das mulheres" em três classes de canções, denominadas "Contemplação das mulheres", "Mulheres comparadas a animais" e "Mulheres atreladas ao consumo". A subcategoria "Contemplação das mulheres" foi localizada em todos os representantes musicais analisados, tendo como exemplos os trechos "Coração na noite serena, te vê na estrela mais linda", composição de Jorginho Pinalli cantada por João Luiz Corrêa e Grupo Campeirismo, e

"Minha flor pequena
Dessas que nascem pelos rincões
Trazendo a graça das corticeiras,
Enfeita a tarde por ser tão bela"

da composição "Sonho em Flor", composta por Gujo Teixeira e Luiz Marenco. A ideia das letras é a de que as mulheres são coisas a serem admiradas, justamente porque a beleza é um aspecto valorizado no feminino.

Na subcategoria "Mulheres comparadas a animais", chama a atenção um tipo específico de referência ao feminino em muitas canções, como "Melô do Ex-Marido", cantada pelo grupo Tchê Garotos no álbum *Geração 2000*, de 2017, dizendo "um beija-flor em urubu se transformou". Além desses versos, há outras afirmações ofensivas na letra, como o clássico insulto machista de chamar a mulher de louca. Em diálogo entre o "ex-marido", eu lírico que se recusa a pagar pensão, e a ex-esposa, o refrão diz: "Só quer pensão / Só quer pensão / No fim do mês pobre do ex-maridão". Ironicamente, a capa do álbum apresenta bebês usando pilchas de peão e prenda.

Propondo um contraponto interessante, trago a música "Morocha não", de Leonardo, feita em resposta à "Morocha" apresentada no festival Coxilha Nativista. A composição mais recente, escrita em contrariedade às ideias machistas da primeira, traz os versos:

> "Morocha não, respeito sim
> Mulher é tudo, vida e amor
> Quem não gostar que fique assim
> Grosso, machista e barranqueador".

Porém, essa música também endossa atitudes paternalistas e protetoras do sexo masculino em relação ao feminino, como em:

> "Não aprendeu que um gaúcho
> Não faz da prenda um capacho
> E que os deveres de um macho
> É proteger e amar".

Além disso, João Luis Ourique argumenta, no artigo *A visão patriarcal na cultura regionalista gaúcha: "Morocha" e "Morocha não"*, o ato falho na canção-resposta ao comparar a mulher ao animal:

> "Invés de usar um pelego
> Use o arreio ternura
> Enlace pela cintura
> Jogue fora o maneador".

O fato chama atenção para como as relações de gênero e poder simbólico assumem a forma de linguagem.

A comparação entre a mulher e os animais sempre esteve presente no cancioneiro que se define como representativo do Rio Grande do Sul. No livro *Cancioneiro gaúcho*, de 1952, Augusto Meyer faz essa observação a partir de quadrinhas e canções coletadas desde o século XIX, muitas delas de origem europeia ou de outras regiões do Brasil e adaptadas às expressões regionais. Meyer afirma:

> "Na produção genuína que deixou, o gaúcho não morre de amores, nem costuma fazer da mulher seu tema predileto, como afirma João Pinto da Silva. Na maioria dos seus cantos amorosos, impera um realismo cru ou uma franca malícia de homem que não se deixa enredar em milongagens. Seu tema é a exuberância animal do amor, seu meio de expressão é a lealdade do macho que só enfeita um pouco o desejo para lhe dar mais tempero. [...] A mulher é cantada em parceria com o cavalo, tudo envolto numa aceitação do destino".

Temos, ainda, o exemplo de "Pois china eu laço com os tentos", de João Luiz Corrêa e Grupo Campeirismo. O termo "china" faz menção à mulher, e o ato de laçar é comum para animais como cavalo e gado. Apesar da ligação com a realidade do campo, não se pode deixar de refletir sobre o lugar submisso em que as mulheres são colocadas por meio da comparação com animais.

As canções da subcategoria "Mulheres atreladas ao consumo" retratam a mulher principalmente como algo comestível. No trecho "Tô com namoro meio atado com a filha da Manuela. Eta! Gringa bem servida coisa boa de costela", João Luiz Corrêa e o Grupo Campeirismo representam a mulher como um pedaço de carne. Outro exemplo explícito é este, do Grupo Tchê Barbaridade:

> "Cachaça derruba o homem
> Mulher também derruba
> Só que elas a gente cooo..."

Nessa música, as mulheres são comparadas à bebida alcoólica, e o uso do verbo "comer" denota que tanto a cachaça quanto a mulher derrubam o homem. A vantagem estaria com a mulher, que pode ser "comida".

Outra categoria usada na pesquisa foi "Mulheres que trazem sofrimento". A atribuição de causadoras de agruras dada às personagens femininas também é encontrada em um estudo realizado por Ruben Oliven, intitulado *Violência e cultura no Brasil*, de 1987. A partir da análise de letras de música do gênero MPB, Oliven observou que as mulheres aparecem como responsáveis pelo sofrimento ao negar amor incondicional aos homens, que por sua vez são representados muitas vezes como vítimas das mulheres. Elas, nesses casos, são culpabilizadas pela dor alheia e pela inconformidade do homem em relação ao abandono. Um exemplo é a composição *Gaúcho amigo*, um dos grandes sucessos do músico Teixeirinha. A letra diz:

> "Tá garoando lá fora
> Boleia a perna, gaúcho
> E chegue cá pro galpão
> Onde tem chimarrão
> Não precisa ter luxo
> Vem me contar da tristeza
> Que está abatendo no teu coração
> Eu soube que a china que amavas partiu
> De ti desistiu, foi pra outro rincão
> Não liga pra isso, aguenta o repuxo
> Tá certo, gaúcho, a china é potra
> Goleia o amargo da cuia prateada
> Isso não é nada, tu arruma outra
> [...]
> Não chores, não tenha tristeza
> Enxugue este pranto que cai do teu rosto
> Tira da lembrança essa china maleva
> Apaga esta treva de mágoa e desgosto
> Faça o que eu fiz, uma outra arranjei
> Com esta casei e garanto que presta
> Mas se me for falsa eu suspendo o pala
> E meto uma bala no meio da testa".

Vale lembrar do polêmico final de relacionamento de Teixeirinha com a cantora e acordeonista Mary Terezinha, após vinte anos de relação afetiva e profissional. O término foi bastante televisionado na mídia local e acabou marcado por julgamentos e críticas à artista, que assumiu não querer dar continuidade ao casamento. A história da relação, que iniciou quando Mary ainda era menor de idade, contém relatos de abuso e foi registrada em *A gaita nua*, autobiografia da artista publicada em 1992.

São inúmeros os retratos de mulheres feitos pela música gaúcha, mas, por fim, gostaria de destacar os graves exemplos de apologia à violência, presente em versos como "Ajoelha e chora / Ajoelha e chora / Quanto mais eu passo o laço muito mais ela me adora", cantados pelo grupo Tchê Garotos. Já a música "As Leis do João Cuiudo" faz uma analogia e crítica à Lei Maria da Penha, questionando-a nos seguintes versos:

> "Eu esses dias eu estive lendo um livro
> Pois este livro é da tal de constituição
> Levei dez dias tem mais de quinhentas páginas
> Algumas coisas que me chamou atenção
> Se falam muito na Lei Maria da Penha[2]
> Mas te garanto nesse livro não tem não
> A muierada se aproveitam da lei
> Falo a verdade se fazendo de leitão
> Mas nós entramo com recurso na justiça
> E daqui uns dias vai mudar a situação".

Por fim, percebo que a conscientização sobre a cultura do machismo é um processo iniciado recentemente e que deve ser levado adiante pela sociedade como um todo. A objetificação das

---

2 A Lei Maria da Penha é chamada a Lei Nº 11.340, de 7 de agosto de 2006: "Cria mecanismos para coibir a violência doméstica e familiar contra a mulher, nos termos do § 8º do art. 226 da Constituição Federal, da Convenção sobre a Eliminação de Todas as Formas de Discriminação contra as Mulheres e da Convenção Interamericana para Prevenir, Punir e Erradicar a Violência contra a Mulher; dispõe sobre a criação dos Juizados de Violência Doméstica e Familiar contra a Mulher; altera o Código de Processo Penal, o Código Penal e a Lei de Execução Penal; e dá outras providências."

mulheres não é coisa exclusiva da música gaúcha: a problematização serve para todos os gêneros musicais. Para além das canções, a misoginia e o feminicídio alcançam números tristemente elevados, o que nos faz pensar como as letras das músicas normatizam crimes contra as mulheres.

A partir das análises trazidas, podemos imaginar a dificuldade das gerações mais novas, que lidam com gênero e sexualidade de forma mais diversa e natural, de se identificar com as representações presentes na música gauchesca. Por outro lado, sabemos como é grande o público consumidor dessa música, seja por identificação ou por acabar reproduzindo simbolismos devido às propagações midiáticas e à falta de maior consciência sobre aquilo que se consome. Atentar para a mensagem dita e cantada é uma investigação que deve ser feita por todos nós.

Referências

HOBSBAWM, Eric. "Introdução: A invenção das tradições". In: HOBSBAWM, Eric; RANGER, Terence (Orgs.). A invenção das tradições. Rio de Janeiro: Paz e Terra, 1997.

LEAL, Ondina Fachel. Os Gaúchos: cultura e identidade masculinas no pampa. Porto Alegre: Editora Tomo, 2021.

LESSA, Luiz Carlos Barbosa. Nativismo: um fenômeno social gaúcho. Porto Alegre: Secretaria Municipal da Cultura, 1985.

MEYER, Augusto. Cancioneiro Gaúcho: seleção de poesia popular com notas e suplemento musical. Porto Alegre: Editora Globo, 1952.

OLIVEN, Ruben. Violência e cultura no Brasil. Rio de Janeiro: Centro Edelstein de Pesquisa Social, 2010.

OURIQUE, João Luis Pereira. A visão patriarcal na cultura regionalista gaúcha: "Morocha" e "Morocha não". Revista Chasqui, v. 43, n. 2, p. 73-83, nov. 2014.

TEREZINHA, Mary. A gaita nua. Porto Alegre: Editora Rigel, 1992.

Até quando só eu lírico masculino? Sobre o Festival da Barranca e a proibição de mulheres há 45 anos[1]

Falar sobre um festival ao qual nunca fui me faz sentir como dois personagens que via no bairro Flamengo, no Rio de Janeiro: um senhor que faz sapatos e não possui as duas pernas e uma senhora que não possui cabelo, mas vende perucas. A falta de membros e de cabelo não os torna incapazes de exercerem suas funções. Com essa metáfora, quero expressar o sentimento que tenho ao falar de um festival que nunca participei, e só há um motivo para que eu nunca tenha podido me expressar nesse ambiente: ser mulher, uma questão de gênero, imanente ao ser. Não estão aqui julgadas minhas capacidades, pois o fato de eu ser mulher já me exclui automaticamente da experiência.

Portanto, não posso proferir sobre alguma experiência pessoal ou etnográfica no festival, mas gostaria de refletir sobre representatividade cultural. Opto aqui por escrever sobre o fazer cultural e suas significações, tendo como mote a realização deste festival que acontece há 45 anos e possui considerada relevância na cultura

1 Texto publicado originalmente em 25 de março de 2016, no blog *Gauchismo Líquido*.

gauchesca. Eventos culturais, como o Festival da Barranca, são (re) definidores de valores sociais e do sentimento de pertencimento coletivo. Neles são transpassados um conjunto de ideias, comportamentos, símbolos e práticas, aprendidos de geração em geração. Isso é cultura: uma amálgama que inclui o conhecimento, a arte, as crenças, a lei, a moral, os costumes e todos os hábitos e aptidões adquiridos pelo ser humano por ser membro de uma sociedade.

Esses valores estão sempre em processo de mudança e transformação. É isso que eu gostaria de abordar aqui. O Festival da Barranca é considerado tradicional no Estado, ganhando destaque na mídia em datas próximas à sua realização. Nestes informes, não faltam relatos de participantes enaltecendo o festival. Muitos deles são feitos por músicos reconhecidos da música gaúcha, consequentemente exponentes formadores de opinião que têm seus discursos amplificados não só por compartilhamentos em redes sociais, mas também por canções perpassadas por sua ideologia. Será que eles têm dimensão das ideias que estão emitindo em suas músicas? Ou só seguem as confortáveis e estabelecidas estéticas mercadológicas? Os mesmos jornais que noticiam o acontecimento do festival também evidenciam a ausência de mulheres, o que demonstra a qualidade, no mínimo excêntrica, desse evento. Afinal, que festivais de música atualmente proíbem a entrada de mulheres?

Cada chance dada para ouvir o que uma mulher tem a dizer sobre o Festival da Barranca é uma oportunidade de mudança através do diálogo, o que já representa um avanço na discussão. Essa atitude, como pude observar, é um fato recente, que pode ser explicado pela maior abertura da sociedade contemporânea a esse debate. Estamos em um momento de transformação e de ouvir vozes que antes eram silenciadas. A história, sempre contada por homens brancos, hoje também é dividida com relatos de negros, indígenas, mulheres e outras minorias. O diálogo tem se tornado polifônico, o que é positivo, mas ainda há muito a melhorar.

Os motivos para a proibição de mulheres no festival seriam dignos de riso se não fossem altamente nocivos. O risco de assédio às mulheres, caso a presença delas fosse permitida, é o mais enfatizado. Que isso pudesse ocorrer não temos dúvida, afinal mulheres sofrem assédio praticamente a todo momento e em todos os lugares. Essa justificativa reduz de forma explícita a mulher a objeto sexual, como se fosse essa sua única função. Por mais reconhecimento profissional que tenhamos, sempre somos vistas pelo viés sexual. A objetificação da mulher é rotina neste patriarcalismo que vivemos; é histórica, e não deve ser combatida punindo, através da proibição de participação – como é o caso da Barranca –, quem é vítima. Além disso, usar as condições precárias de estadia como justificativa só demonstra como a mulher ainda é vista como frágil, estando sempre subordinada ao homem (resistente macho provedor).

Todos os argumentos que ouço a favor da proibição de mulheres no festival, ao meu ver, possuem uma única explicação: a falta de interesse em ouvir o que a mulher tem a dizer. Vocês já se perguntaram como são nossos entendimentos sobre a cultura gauchesca? Por que o eu lírico da música gaúcha tem que ser sempre masculino? Possivelmente seja porque os discursos das mulheres não têm por objetivo exaltar o mundo masculino, o que parece ser o cerne e o intento da cultura gauchesca. Esta, como sabemos, foi construída e alicerçada a partir das representações do masculino.

Feitos em guerras e trabalhos no campo, atividades entendidas como comportamentos masculinos, são alguns dos temas retratados nas canções gaúchas. Para as mulheres, resta a espera da guerra, ser coisificada como flor, ser china ou chinoca, quiçá ser Anita... Isso na melhor das hipóteses, pois lembremos da canção "Morocha", que fala de agressão à mulher explicitamente. Em pesquisa realizada por Laura Silva e Leandro Oltramari, intitulada "De beija-flor a urubu: representações das mulheres na música gaúcha", há uma análise de composições dos segmentos da música campeira e da tchê music, onde foram classificadas cerca de oitenta músicas que se referiam de alguma forma à mulher. A categoria onde foram alocadas mais canções foi "Coisificação das Mulheres", definida por letras que de alguma maneira caracterizam as mulheres como algo atrelado ao uso e ao consumo e que, portanto, as tiram da posição de sujeito, aproximando-as da ideia de coisa.

É importante ressaltar que nenhuma prática musical é inocente, afinal, o fenômeno artístico vai muito além de seu efeito lúdico, sendo elemento de (re)produção de realidades sociais, conservando-as e solidificando-as. Através do que é representado, se (re)produz ideologia, pois criar e executar música é um ato político. As linguagens da música, teatro, cinema, pintura e demais artes não apenas representam o real, mas instituem reais.

Onde a mulher gaúcha se encaixa no contexto cultural gauchesco do século XXI? Como se identificar com esse universo em tempos de empoderamento feminino e de tomada de consciência da nossa posição na sociedade? Como identificar-se com canções que refletem a ideologia machista e as ideias retrógradas do século XIX?

Nós, mulheres, ouvimos desde muito pequenas frases como "não faça isso, isso é coisa de menino" e "isso não são atitudes de mocinha", e simplesmente crescemos achando que somos incapazes de realizar "tarefas masculinas" ou "agir como meninos". Culturalmente, o lugar que cabe à mulher é o dos serviços domésticos e da criação dos filhos. Uma parte muito restrita tem a oportunidade de desenvolver suas aptidões, como tocar um instrumento.

O fato de que há um importante festival no Rio Grande do Sul que não permite a presença de mulheres demarca que nosso lugar nessa cultura é restrito. A falta de credibilidade gerada pelo estereótipo das diferenças de gênero chega a um ponto tão limitador para a mulher que ela nem pensa sobre o quanto está sendo lesada. Um exemplo disso é a quase inexistência de compositoras na música gaúcha, acentuada pela falta de referências femininas, desfavorecendo o ingresso e a permanência nesse fazer musical.

Sabemos que, possivelmente, alguns participantes do Festival da Barranca não concordam com a proibição de mulheres. Esses mesmos participantes também não se posicionam expondo sua opinião, porque tal atitude poderia acarretar em mal-estar com os colegas e quiçá a não-participação no evento. O mesmo ocorre com as mulheres do movimento gauchesco que não discutem a questão por receio de perderem o espaço conquistado neste engendrado campo de disputas, muitas vezes inclusive se posicionando a favor da proibição.

Somos excluídas dessa e de muitas outras vivências. Só cabe a nós, mulheres, como nos poemas e músicas gaúchas, esperar em casa e admirar tão grande feito masculino. Apesar de não vivermos mais no século XIX, as ideias ainda permanecem e as situações se repetem. Continuamos a esperar que os homens nos deem licença ou permissão para que possamos nos expressar. A liberdade da mulher e o direito de ir e vir feminino nas veredas da música gaúcha ainda só vão até onde os homens permitem.

Por isso, peço que reflitam sobre essas colocações, que vão para além das questões de gênero. Elas são sobre se conectar com a sociedade e as questões contemporâneas. Se conectar com a natureza é importante, manter as tradições é importante, mas não podemos viver em um mundo paralelo. Como artistas, podemos e devemos nos posicionar no mundo, seja ele gauchesco ou não. Ao permanecermos no passado, ou melhor, ao nos apegarmos a tradições de maneira fechada, perdemos espaço para "vozes mais contemporâneas", nem sempre boas. Portanto já passou da hora de abrirmos a mente, de ouvirmos mais, de dialogarmos mais e juntos sermos muito melhores.

manifesto líquido

Eu que me renda
Desse destino de prenda
Contemporânea gueixa "gaucha"
Dar-se feito oferenda
Contam em mito e lenda
Argumentos pra que repreenda
Numa tapera ou casca
Onde o espaço compreenda
A essência do cair da lágrima
Consentem ser matéria-prima
Terços, costuras, rendas
Donas de esperas
Tudo que oprima
Aquele ingênuo protótipo campesina
Livres galopam centauros
Não há atenção que se prenda
(Como no olhar da Salamanca pela fenda)
Nesse mito ocidental cansado
De um caubói, um "gaucho" ou um cossaco
Semibárbaro
Anti-intelectual
Mais dos mesmos arquétipos
Estilo patriarcal
Os anos (re)inventam verdades
O tempo modifica os cultos
Mantém fôrmas de vaidades

Antigo dogma oculto
Defendido como tradicional
Opressores oprimindo
Doma (ir)racional
Simbólicas atrocidades
Inventando adjetivos
Tendo prenda como regalo
Suprimento narcísico do peão
Dona de um corpo não seu
Sem discussão
Que hoje se narra
Dispensa homenagens de autopromoção
Interesseira confissão
Romântica agressão
Harmonizada dominação
Simbólica submissão
Trocadilhos de coisificação
Prenda tem voz!
Conteúdo que adenda
Cerne que acenda
Sapiência que não omito
Trago e evoco noutro mito
Medo masculino antigo
Deusa Métis
Intuição!

Se se cala o cantor, para que serve a música?[1]

O grande desafio das pesquisas em música atualmente, em especial na área de etnomusicologia, é entender o papel que a música tem na vida das pessoas e por que elas fazem música. Vivenciamos uma mudança no foco das análises, baseada na troca da concepção de música como símbolo para a de música como ferramenta. Em vez de tentarem somente encontrar estruturas formais ou reflexos identitários, as investigações sobre música no mundo todo têm buscado compreendê-la como um instrumento que está à disposição das pessoas para gerar experiências de encantamento, influenciar estados de espírito e intervir na própria vida cotidiana, além de possibilitar informação e reflexão.

Esses novos estudos também se dedicam a compreender como a política está implicada na música. Esta pode ser utilizada como forma de controle, tanto por grupos subalternos quanto por grupos hegemônicos. A música pode envolver desde a construção da individualidade até a identidade coletiva de grupos específicos, além de questões muito mais amplas. Não há contexto musical

1 Texto publicado originalmente em 8 de abril de 2016, no blog *Gauchismo Líquido*, com colaborações da historiadora Aline Porto.

sem dimensão política, inclusive porque questões de poder estão presentes em todas as relações sociais.

Pensando nisso, cito a canção emblemática de Horacio Guarany, "Si se calla el cantor", de 1975, que inspira o título deste texto e que recomendo como acompanhamento sonoro para esta leitura. Horacio Guarany, nome representativo da canção popular argentina e grande inspiração para muitos músicos do nativismo gaúcho, expõe sua posição enquanto artista e enquanto ser político na canção:

> *"Si se calla el cantor se quedan solos*
> *Los humildes gorriones de los diarios*
> *Los obreros del puerto se persignan*
> *Quién habrá de luchar por su salario*
> [...]
> *Que no calle el cantor porque el silencio*
> *Cobarde apaña la maldad que oprime*
> *No saben los cantores de agachadas*
> *No callarán jamás de frente al crimén".*

Para Horacio Guarany, é missão do artista se levantar, questionar, cantar e dar voz aos menos favorecidos por meio da arte. Ele pede que os cantores não se calem, que usem sua voz para melhorar a sociedade. Dessa forma, percebemos uma postura crítica e esclarecida do autor em relação ao papel político que a música tem. Não se faz arte sem ideologia. Não se faz arte só por beleza, pois até o senso estético, relacionado ao gosto musical, é uma questão ideológica e jamais vazia de significado.

Fato interessante é que essa mesma canção, traduzida para o português, foi gravada pela cantora e acordeonista gaúcha Mary Teresinha em seu disco *Kilômetro 1*, de 1987, em versão de Camarguinho e Antônio Gringo. É notável na obra da musicista como a desigualdade social é evidenciada em letras de canções que falam em favor das classes oprimidas. Pensemos o que significou uma mulher posicionar-se dessa forma na década de 1980, especialmente no Rio Grande do Sul.

Nesse mesmo álbum, Mary interpreta a canção "A grande esperança", de Goiá e Francisco Lázaro, onde é feita uma defesa à reforma agrária:

> "A classe rural e a classe operária
> Ansiosas esperam a reforma agrária
> Sabendo que ela dará solução
> Para a situação que está precária
> Saindo projeto do chão brasileiro
> E cada colono plante sua área
> Sei que na miséria ninguém viveria
> E a produção já aumentaria
> Quinhentos por cento até na pecuária!".

Esta canção tornou-se emblemática para movimentos sociais como o Movimento Sem Terra (MST) e o Movimento dos Pequenos Agricultores (MPA). Na gravação feita por Mary, há modificação da expressão "classe roceira" da versão original para "classe rural", assim como "de cada roceiro" para "e cada colono", possivelmente ajustes à realidade sulista. O músico Antônio Gringo, autor da versão em português de "Se se cala o cantor" citada, gravou "A grande esperança" em 1986 e me contou que a canção era popularmente conhecida como "A classe roceira", sendo uma espécie de hino dos movimentos cantado em todo país. Ele afirma que, quando gravada por Zilo e Zalo em 1965, foi intitulada "A grande esperança" para driblar a ditadura militar. A versão de Antônio

Gringo foi gravada juntamente com o Conjunto Quatro Ventos como parte do álbum *O Canto da Terra*, trabalho que elucida como as temáticas sociais eram presentes no repertório regional.

Também do álbum de Mary podemos destacar a canção "Pobre do pobre":

> "Nos jardins da minha rua
> Já morreram muitas flores
> Já não fazem serenatas
> Guitarreiros cantadores
> No açougue da esquina
> Na fruteira e no mercado
> O pobre não tem mais crédito
> E ninguém vende fiado".

E, ainda, a canção "Diretas Já":

> "Senhores vamos encarar a realidade
> Chega de delírios, contos e vantagens
> Vamos dar um fim nessa situação
> O povo já está cansado de ser enganado
> Preparam as mudanças
> Cruzeiro e cruzado
> Tudo é mentira, tudo é ilusão".

Estas últimas composições de Mary Terezinha e Ivan Trilha.

Talvez pelo fato de Mary sempre ter sido vista como coadjuvante da história de Teixeirinha, tanto que foi apelidada "Teixeirinha de saias", até hoje o engajamento social de suas canções é pouco evidenciado e valorizado pelos pesquisadores. Isso pode se dar também porque as críticas que ela faz confrontam ideologicamente a construção mítica e de representação do regionalismo. Fica evidente o quanto é importante para a historiografia da música gaúcha o conhecimento da obra de mulheres, muitas delas banidas das grandes narrativas consideradas hegemônicas, não só pela figura expressiva que Mary Terezinha representa para a música gauchesca em função da vasta obra e reconhecimento nacional, mas também pelo quanto suas canções são elucidativas da sociedade da época.

É crucial destacar que a historiografia mais tradicional do Rio Grande do Sul foi escrita por intelectuais advindos das classes dominantes, ou seja, pessoas ligadas às heranças do latifúndio e da criação extensiva de gado. O mesmo se aplica aos criadores do tradicionalismo gaúcho e da grande mídia em geral. No entanto, em meados dos anos de 1970, outras visões e vozes surgiram tanto na historiografia quanto no gauchismo, dentro do contexto de ditaduras civis-militares na América Latina. Essas vozes buscavam aproximação com a realidade pobre desses países explorados, queriam falar também dessa gente e de sua vida. Nessas representações literárias e musicais modernas, (re)surgem os "gaúchos a pé", que outrora foram peões e agora estão sem emprego no campo, dominado pelo agronegócio, restando a eles tentar uma vida digna nas cidades tornando-se proletários.

No entanto, atualmente, é comum vermos muitos artistas ligados à música gaúcha evidenciarem seu contato com o ambiente rural, seja por meio da criação de gado, ou de cavalos, ou por algum tipo de plantação agrícola. Fica assim explícita a necessidade de demonstrar essa ligação: ela justifica a credibilidade e legitimidade dos artistas para representarem nas canções o universo campeiro, mesmo que essa não seja, de fato, uma realidade cotidiana.

A partir das falas de alguns interlocutores em minha pesquisa de mestrado, intitulada "Campeirismo musical e os festivais de música do sul do Brasil: a (pós) modernidade (re) construindo o 'gaúcho de verdade'", a questão foi evidenciada a partir da observação dessas narrativas. Fui percebendo que os artistas ligados à música gaúcha advêm de meios diversificados, sendo muitos citadinos e sem ligação familiar com o campo, mas buscando relação com o universo agropastoril das mais variadas formas.

Em decorrência dessas constatações, ficou evidente uma série de questões que compartilho no intuito de ampliar o debate: a base das representações de arte e identificação do Rio Grande do Sul ainda vem, hoje em dia, de uma ótica que parte do universo latifundiário? O artista com voz no cenário gauchesco, atualmente, advém dos ambientes culturais que defende em suas canções? Esses lugares são assumidos claramente? Há consciência sobre o que se canta? Que vozes esses artistas pretendem representar? Quais interesses estão por trás das canções? Por que os artistas muitas vezes se calam?

Identidade gaúcha e indústria cultural

Em um período de deslocamentos e distâncias aparentemente mais curtas, fruto da modernidade líquida processada neste tempo, se acentua a busca por compreender nossas identidades e as relações com um amplo repertório de material simbólico, utilizado como matéria-prima para a construção ou (re)definição delas. Observei as questões em minha pesquisa de mestrado, a partir de um segmento da música gaúcha denominado "música campeira". Na pesquisa, pude constatar o reavivamento e a recriação do que se entende por "gaúcho autêntico" a partir da década de 1990. O movimento aconteceu em reação discordante ao surgimento da tchê music, que hibridizava "ritmos regionais", como vanerão e chamamé, com "ritmos nacionais", como axé, pagode e funk. As relações entre produção, consumo e circulação de bens simbólicos foram seguidamente evidenciadas pela fala das pessoas que entrevistei. Uma demanda ficou explícita: compreender como são negociados os agenciamentos ao se tratar da economia da música sob a perspectiva de tradição versus modernidade.

Nas últimas quatro décadas, a discussão acerca da cultura regional rio-grandense, ligada aos entendimentos de representar o gauchismo, foi motivada pelo desenvolvimento da indústria cultural em seus diversos formatos, como o rádio, as gravadoras de discos, os meios digitais e a internet. Nesse processo, gravadoras surgiram no Rio Grande do Sul para atender à demanda que surgia, principalmente dos festivais nativistas que começaram a acontecer na década de 1970. Também os festivais tornaram-se decisivos na profissionalização dos músicos sul-rio-grandenses, graças às atrativas "ajudas de custo", estimulando uma verdadeira invasão de artistas que antes transitavam por estilos diversos e que, naquele momento, passaram a adequar sua arte ao movimento cultural. Houve incômodo por parte daqueles com entendimentos "puristas" da cultura gaúcha, hegemônicos até então, como o ideal de tradicionalismo trazido pelo MTG, o que colaborou para acirrar as disputas relacionadas à legitimidade das práticas musicais gauchescas.

Nos últimos anos, formou-se outro nicho de mercado e difusão das músicas gaúchas por meio das rádios web, que criaram um público diferenciado daquele dos espaços onde até então se consumia essa música. Do mesmo modo, além das vendas de discos pela internet, engendraram-se espaços especializados em produtos do segmento, como roupas e acessórios, criando toda uma rede de bens de consumo ligados ao gauchismo.

Isso nos leva a pensar que a música regional é um dos nichos de mercado existentes entre os produtos do gauchismo. A partir da "identidade", criou-se uma rede de oferta e consumo de padrões regionais, com suas circulações e solidificações. A padronização cultural e autenticidade das tradições populares locais entra em questão no processo, a partir do mercado de bens simbólico-culturais.

A relação das chamadas culturas populares locais com o capitalismo é complexa. Devido ao crescimento da globalização, estamos vivendo no contexto do "capitalismo cultural", conforme observou George Yúdice. Nele, o papel da cultura se alastrou para os campos político e econômico, o que gerou um deslocamento do conceito convencional de cultura. Assim, a cultura passou a ser considerada pretexto para "a melhoria sociopolítica e para o crescimento econômico". Por essas razões, é importante tomarmos consciência das questões de identidade na modernidade líquida, problemática diretamente ligada a entendimentos ideológicos e comerciais. A mobilidade espacial é uma característica da contemporaneidade. O mesmo se pode dizer da mobilidade simbólica, que se expressa pela capacidade do indivíduo de mover-se entre vários universos culturais, em diferentes escalas espaço-temporais, e de lidar com um vasto conjunto de material representativo.

A questão da identidade cultural como preservação de um passado mítico é fortemente presente na cultura musical gauchesca, e envolve legitimações do que é "verdadeiramente" representativo do gaúcho. Assim, os entendimentos sobre a renovação de práticas consideradas tradicionais no universo da música gaúcha e/ou a manutenção de padrões musicais, tidos como "autênticos" dessa cultura, tornam-se organizadores dos espaços onde as práticas musicais ligadas ao gauchismo ocorrem e definem os lugares onde os agentes atuam.

Quanto às composições musicais gauchescas, é constante a discussão sobre a inclusão ou não de "novas" propriedades sonoras, no que diz respeito à temática das canções, arranjos, instrumentações, performances artísticas e modos de execução. Atualmente, temos um mercado musical local alicerçado na busca por uma identidade "autêntica" e, a partir dela, vemos uma mídia focada em evidenciar a valorização do Rio Grande do Sul.

É sabido que todos os grupos sociais apresentam o impasse entre "falsidade" e "autenticidade", porém a forma como ambas são "imaginadas" seria o diferencial. "Qualquer comunidade maior que a aldeia primordial do contato face a face (e talvez mesmo ela) é imaginada. As comunidades se distinguem não por sua falsidade/autenticidade, mas pelo estilo em que são imaginadas", segundo Benedict Anderson.

Cada um de nós é socializado e inculturado, pelo menos, na medida em que sabemos e entendemos as normas bem o suficiente para operarmos com eficiência básica na sociedade. Quando se atua fora dessa rota preestabelecida, temos uma "situação de desvio". Segundo Allan Merriam, o conceito de desvio inicia com a suposição básica de que membros da sociedade estabelecem normas que são, em sua maior parte, seguidas e obedecidas pelos indivíduos. Se a socialização básica e a inculturação não são suficientes para tornar os indivíduos ainda razoavelmente em linha com os outros, o controle social é exercido, seja externamente, através de polícia, por exemplo, seja internamente, através da culpa aprendida. Desvio, então, refere-se à quebra dessas normas.

A forma pela qual a quebra das normas é controlada, no universo da cultura gauchesca, relaciona-se ao espaço concedido pelos meios de comunicação aos "desviantes", o que ecoa consequentemente na transmissão e comercialização de bens simbólicos. Não seguir as regras estéticas estabelecidas pelo mercado local significa ter uma atitude desviante quanto às determinações de mercado, assim como negar certas ideologias institucionalizadas e envoltas na prática musical gauchesca já estabelecida. Faz-se necessário dar atenção ao conflito existente a fim de compreender a estruturação de redes, suas modificações e permanências, legitimações e relações de poder.

Merriam afirma que o desvio, além de ocorrer em todas as sociedades, é "natural para o homem ou necessário para a saúde social". Essa tendência é um dos fenômenos mais significativos da vida humana. Ela prova que o desenvolvimento de cultura tornou-se um fim em si. Assim, o desvio se relaciona com a transformação da cultura, operando como renovação de práticas vistas pelos desviantes como inúteis ou opressivas. Os desviantes buscam, a partir da novidade e da transformação, redefinir estruturas e comportamentos sociais já cristalizados. A partir das estratégias de desvio, os agentes sociais encontram formas de transviar os alicerces ordenados e estipulados, expondo outros lugares de fala e construindo novos padrões além dos predeterminados. Essa nova possibilidade propicia a criação de outras conjunturas que, a partir da conformidade dos indivíduos desviantes, formam novas coletividades, além das já existentes sob a lógica vigente de estrutura social.

A partir da compatibilidade ideológica e comportamental dos "desviantes", são construídos novos espaços de socialização. É o que ocorre no ambiente das representações musicais gauchescas, que a partir dos diferenciados entendimentos segmenta-se em diversos "mundos musicais", como conceitua Ruth Finnegan ao referir-se às convenções sociais de grupos musicais diversos.

Na cultura musical gauchesca, organizam-se diferentes segmentos que seguem padrões já estabelecidos ou criam novas representações da cultura gauchesca. São eles: músicos nativistas, categoria estabelecida a partir da década de 1970 com a criação dos festivais de música inédita gauchesca; músicos de baile ou da "música fandangueira", segmento de artistas atuantes em eventos cuja finalidade principal é a dança; e músicos compositores de canções que têm relativa ligação com as representações gauchescas, mas que não são totalmente integrados ao segmento que objetiva autenticidade, também nomeados por alguns como pertencentes à Música Popular Gaúcha (MPG), entre outros.

É importante ressaltar a conexão e o diálogo entre esses grupos sobre o que corrobora suas identificações, sob a forma da construção de suas identidades musicais. A coexistência de diferentes códigos simbólicos em um mesmo grupo, indivíduo ou localidade distingue o cenário social das sociedades contemporâneas. Os indivíduos não pertencem mais a um só grupo ou localidade e, portanto, não têm mais uma única identidade distintiva e coerente. As identidades construídas e permeadas pela lógica cultural pós-moderna são híbridas, maleáveis e multiculturais, de acordo com Canclini.

Ao trabalhar a questão das identidades, neste caso musicais, e como elas são representadas, devemos pensar quais são os acontecimentos que a promovem e que caminhos ela segue. Stuart Hall afirma que há uma fragmentação das identidades modernas. No entanto, o conceito de identidade não pode ser tido como acabado e incontestável. Para ele, "a identidade somente se torna uma questão quando está em crise, quando algo que se supõe como fixo, coerente e estável é deslocado pela experiência da dúvida e da incerteza". O autor chama atenção para o processo de descontinuidade que libertou os indivíduos das amarras da tradição, promovendo uma ruptura com o passado. Assim, o sujeito pós-moderno pode não ter uma identidade fixa: trata-se de uma identidade móvel, definida historicamente e não biologicamente. Nesse entendimento, um indivíduo pode possuir diversas identidades e utilizá-las de acordo com o sistema cultural que o rodeia.

Outra questão interessante e recorrente nos festivais é o financiamento cultural. Através das Leis de Incentivo à Cultura do Estado, criou-se um mercado de produção cultural que, sob o intuito de "fazer cultura", movimenta não só o turismo local, mas cria um nicho de trabalho no qual produtores culturais e músicos ingressam e se mantêm ativos. Porém, cinquenta anos depois do surgimento do primeiro festival nativista, esses eventos são cada vez mais restritos a uma pequena parcela de músicos profissionais e amadores, alinhados ou dispostos a se alinhar aos entendimentos do que deve ser considerado "música gaúcha", retroalimentando-se e autolegitimando-se. Também devido a esses fatores o Movimento Nativista deixou de ser um campo de reflexões e discussões sobre construção de conhecimento, estando atualmente mais relacionado ao entretenimento.

Ao longo de cinco décadas de existência dos festivais nativistas, houveram períodos e festivais específicos nos quais se evidenciaram as características locais do regionalismo gaúcho, através da criação e manutenção de identidades como "litorânea" (afro-açoriana), "missioneira", "serrana" e "da região da campanha". Como vimos, o entendimento da denominada "música campeira" se dá a partir dos agentes envolvidos em buscar "autenticidade" por meio de (re)interpretações históricas das construções identitárias sobre o "gaúcho", surgidas desde meados do século XIX. Logo, construiu-se o comprometimento de que essa música deve ser feita por pessoas que tenham a vivência do campo, diferente do entendimento artístico das décadas iniciais dos festivais nativistas. Além disso, outra mudança evidente foi a maior aproximação com os países platinos, Argentina e Uruguai, inclusive musicais. A busca pela autenticidade fez com que os indivíduos identificados com a música campeira encontrassem nos países vizinhos a "raiz comum" do gauchismo que tanto almejavam. Mas sobre esse tema é importante destacar as contradições existentes quanto às ideologias implícitas em seus repertórios. Muitas vezes, os músicos gaúchos ligados ao campeirismo exaltam as canções do movimento Nueva Canción Latinoamericana[1], com suas raízes libertárias, socialistas e de denúncia social. Porém, vemos que muitos deles estão diretamente ligados ao agronegócio e ao conservadorismo vigente no Brasil, fazendo desse fato uma grande incoerência, ou revelando a desconexão entre a realidade e o que é representado.

Nesse contexto, também a identidade gauchesca do Sul do Brasil ressignificou-se: a fronteira, antes vista como separadora, hoje é vista como zona de influências, o que criou uma identidade gauchesca transnacional. O "gaúcho", que era tido como defensor

---

1 Nueva Canción Latinoamericana foi um movimento musical que surgiu na América Latina na década de 1960. O movimento fazia canções de denúncia social nas quais incorporava elementos do folclore musical latino-americano, apresentando-se como uma alternativa à música estrangeira. Entre seus antecessores, pode-se citar importantes folcloristas, compositores e investigadores como Violeta Parra, Margot Loyola, Gabriela Pizarro e Héctor Pavez. Também merece destaque a influência de poetas como Pablo Neruda e Nicanor Parra, compositores de outros países latino-americanos como o argentino Atahualpa Yupanqui e o cubano Carlos Puebla e da cantora Mercedes Sosa. Quase todos os seus integrantes apoiaram o governo de Salvador Allende no Chile e foram perseguidos pela ditadura instalada pelo golpe militar de 1973.

das fronteiras do estado e como protetor de seu país, hoje se percebe em irmandade com a América Latina. A busca por "autenticidade" atualmente conecta o Movimento Nativista ao Movimento Tradicionalista Gaúcho. Apesar do apoio do tradicionalismo à realização de alguns festivais na década de 1980, sempre foram presentes divergências com o Movimento Nativista. Porém, ambos se tornaram mais próximos devido à convergência na mesma busca, apesar de alguns discursos ainda não assumirem esta ocorrência. A mudança de uma identidade regional atrelada à de amplitude nacional para uma identidade transnacional é certamente um dos principais elementos que diferem do conceito de "gaúcho" cunhado pelo tradicionalismo, surgido na década de 1950.

Dessa maneira, podemos constatar que estamos vivendo um período no qual as regionalidades são postas em evidência e no qual valoriza-se as características locais dos conjuntos sociais, em uma busca pela identidade contrária ao movimento globalizantes. Ainda assim, estão presentes visões uniformizantes e padronizadoras sobre comportamentos e representações. Isso pode ser pensado a partir de Bauman quando este afirma que sofremos um "mal-estar na contemporaneidade", momento em que se buscou compreender quais são as "raízes culturais" e os elementos constitutivos de nossa identidade.

Acredito que os "mal-estares" culturais só poderão ser resolvidos através da educação e da informação. Por meio de uma história crítica e consciente, que pense na diversidade das representações e nas múltiplas possibilidades de ser e pertencer a esta terra. Seguimos peleando!

Referências

ANDERSON, Benedict. *Comunidades imaginadas*. São Paulo: Companhia das Letras, 2008.

CANCLINI, Néstor García. *As culturas populares no capitalismo*. São Paulo: Brasiliense, 1983.

___. *Consumidores e cidadãos: conflitos multiculturais da globalização*. Rio de Janeiro: Editora UFRJ, 1995.

FINNEGAN, Ruth. *Por qué estudiar la música? Reflexiones de una antropóloga desde el campo*. Revista Transcultural de Música. n. 6, 2002.

HALL, Suart. *A identidade cultural na pós-modernidade*. Rio de Janeiro: DP&A, 2011.

MERRIAM, Allan P. *The Anthropology of Music*. Northwestern: Northwestern University Press, 1964.

YÚDICE, George. *A conveniência da cultura: usos da cultura na era global*. Belo Horizonte: Editora UFMG, 2004.

Sobre tomar mate

O símbolo que mais nos entrega. É como se andasse com a bandeira do Rio Grande sobre as costas. Mais do que uma bombacha larga. Bem parecido com o "bah!".

Dia desses me peguei questionando se gostava mesmo de tomar chimarrão ou se era só o *habitus*, como diz Bourdieu. Existem pessoas que gostam de problematizar cientificamente as coisas, e eu sou uma delas. "A teoria como um lugar de cura", segundo bell hooks. Pensei nos efeitos medicinais, de acordo com o Ocidente e as culturas tradicionais. O chimarrão é indígena!

Pensei no gosto e no significado ritual, na cosmologia implícita neste ato. Sorver esse amargo como penitência? Ou companhia para alguma carência?

Tomei mais um para pensar mais um pouco. Gosto da espuma! Me sinto fazendo nada, mas tranquila ao mesmo tempo. É interessante como um pequeno hábito muda a forma de sentir o mundo. Um outro prisma. Uma outra cosmovisão sobre o tempo. Outra importância: a contemplação!

Peguei mais uma vez a cuia e pensei que o segredo desse ato está nas mãos. Enquanto sorvo alguma coisa, minha pressa vai ter que parar para segurar uma cuia. Ouvi que para os indígenas quanto menor e mais simples, mais sagrada. E fico pensando nas indústrias de cuias e acessórios de todos os materiais, do silicone ao metal. Onde nos perdemos?

Enquanto cevo, meu corpo espera, não deixando efervescer. E se o mate atuar como um elemento cênico cotidiano, que esta direção de arte chamada cultura produziu? Um pouco de lúdico não faz mal a ninguém. E não adianta deixar o ato utilitário, e banalizá-lo amarrando a cuia ao pescoço para tomar mate com as mãos livres. Não adianta levar a vida como algo lucrativo. "A vida não é útil", já diria Ailton Krenak.

Um ritual, seja do cafezinho ou do mate, faz bem para pensar um pouco. Hoje, tudo parece descartável, até o pensamento. Em tempos nos quais se criam almofadas para dormir sentado em qualquer lugar e se noticia que o povo está cheirando café para trabalhar, é hora de sentar e tomar mais um matezinho.

Mãe de pet[1]

As novas éticas de comportamento tendem a hiperanalisar temas cotidianos, muitas vezes saudando nossas certezas bem mais do que nossas problematizações. São tantos os conceitos passíveis de teorização que não cabem num post, nem num texto, tampouco em nossa racionalidade colonial (que nos entende como espécie superior e por vezes a própria Pachamama, representando essa crença no ato de maternar os demais seres).

Sobre esse tema, brotam questões que vão desde a domesticação, passando pelas relações interespécie, até os conceitos de amor, mãe e família. Por outra perspectiva, a questão é psicanalítica, como já explicitado por Deleuze em seu Abecedário[2]: nas relações com os animais acontecem projeções. Mas pensemos: quais relações não envolvem projeção? Expectativas criadas, afeições transferidas? É de bom-tom? Talvez não, mas não deixa de acontecer por isso. Somos seres relacionáveis e conectáveis (uns nem tanto), mas como é aquela dieta contemporânea equilibrada mesmo? Um pouco de droga, um pouco de salada? Nesse caso, um

---

1 Texto publicado originalmente em 25 de junho de 2021, no *Sul21*.

2 *L'Abécédaire* de Gilles Deleuze é um documentário televisivo francês produzido por Pierre-André Boutang entre 1988 e 1989 e exibido em 1996, após a morte do filósofo Gilles Deleuze.

pouco de terapia e um pouco de infantilização dos pets, enquanto vamos dando conta de lidar com os afetos.

O ponto-chave da discussão é o fato de o cuidado estar relacionado com a maternidade. "Você não precisa educar eticamente e criar o caráter do seu pet", afirma quem não apoia a expressão "mãe de pet", além de argumentar que o termo invisibiliza a questão profunda e complexa de como a sociedade lida com a maternidade.

Leonardo Boff, no livro *Saber cuidar*, fala sobre como o cuidado está no ethos do ser humano. Isso explica a criação do *tamagotchi*, por exemplo. Essa coisa de ter sempre um olhar no outro, ao redor, aquele "no que posso ajudar?" estampado nas costas, por mais que nem todes instalem em si esse plugin. E essa é a grande chave do entendimento: por que só as mães são as responsáveis pelo zelo?

Dizer que o conceito de "mãe" foi inventado parece incabível para alguns, pois estes acreditam que ele está atrelado a um "fenômeno natural". Mas vale lembrar que a natureza é compreendida primeiramente a partir da cultura. O entendimento cultural ocidental centralizou o cuidado e a educação na pessoa da mãe, basta ver o que os positivistas pensavam sobre.

No livro *Calibã e a bruxa: mulheres, corpos e acumulação primitiva*, a filósofa Silvia Federici afirma que o patriarcado começa a ser praticado como poder sobre as mulheres quando estas tomam conhecimento dos métodos contraceptivos, entre outras coisas. A partir daí, a literatura, ou melhor, grande parte dos intelectuais homens que fizeram literatura dedicaram-se a construir a imagem da mulher mãe, as "fortes gamas do amor materno" e toda a validação do gênero feminino sobre esse ato.

Quando surge, o tema me faz pensar no conceito "natureza-cultura", da bióloga e antropóloga Donna Haraway. A história da relação humano-animal apresenta muitos paradoxos, se relativizada culturalmente. Os animais podem operar no transporte, na caça, no pastoreio, e também como alimento, fonte de pelagem etc. Em contrapartida, Haraway aponta que, em *A History of Dogs in the Early Americas*, de 1997, Marion Schwartz escreve que alguns cães de caça dos indígenas americanos passavam por rituais de preparação semelhantes aos de seus parceiros humanos, incluindo a ingestão de alucinógenos entre os cães da raça Achuar da América do Sul.

Em *O manifesto das espécies companheiras e Antropologia do ciborgue*, Donna Haraway traz diversos subsídios para compreendermos a questão, fazendo teoria feminista contemporânea. Além do convite à educação para melhores significações dos termos, que reflete-se em comportamento, esse tema demonstra a importância e relevância da linguagem, que pode nos fazer pensar sobre humanizações e desumanizações, sobre ser humano e sobre humanidade.

Uma máxima de Haraway diz "faça parentes, não bêbes", pois segundo ela, neste momento, temos um mundo pró-natalidade e anti-crianças. Deveríamos querer um mundo pró-crianças e anti-natalidade? Se sim, precisamos repensar essa equação.

Referências

BOFF, Leonardo. *Saber cuidar: Ética do humano – compaixão pela terra*. Petrópolis: Editora Vozes, 1999.

FEDERICI, Silvia. *Calibã e a bruxa: mulheres, corpo e acumulação primitiva*. São Paulo: Editora Elefante, 2017.

HARAWAY, Donna. *A companion species manifesto: dogs, people, and significant otherness*. Chicago: Prickly Paradigm, 2003.

___. "Manifesto Ciborgue". In: TADEU, T. *Antropologia do ciborgue*. Belo Horizonte, Autêntica, 2009.

Uma pós-graduação em cultura brasileira contemporânea[1]

Comecei a entender a arte e o sentido de algumas manifestações culturais estando nos seus lugares de origem e vendo de perto o povo de onde tais expressões brotaram. Após uma viagem de duas semanas pelo Nordeste do Brasil, que trouxe a sensação de ter cursado uma pós-graduação intensiva e presencial em culturas contemporâneas do país, aclaram-me algumas questões antes perpassadas somente pela teoria.

Ter a oportunidade de olhar até perder o medo do desconhecido, parar de só observar e registrar para além da memória, me faz tomar nota como quem escreve um tratado, um diário ou uma intervenção placitar no papel. Nesse caminho, me deparo com os textos do músico e pesquisador Guerra Peixe da metade do século passado, escrevendo e transcrevendo o que ele via daquele Recife contemporâneo, como quem decifra fatos. Me pego hoje no mesmo lugar, repensando e compreendendo o diferente e até então desconhecido e indecifrável.

1 Texto publicado originalmente em 6 de março de 2018, no Sul21.

Repenso sobre sagrado e profano ao ver muitos grupos de maracatu rural de povos interioranos e humildes da zona da mata pernambucana. Milhares de franjas brilhantes luxuosas confundem meu olhar em meio ao respeito de todos aos ares ritualísticos e religiosos do carnaval. Seriam sacrilégios em cores brilhantes numa protocolar cerimônia ancestral? Com ares de heavy metal e extravaso corpóreo, no maracatu rural, corpo é igreja que balança. Ponte para outro lugar da consciência. Rufam as caixas, sacodem os chocalhos, repicam as alfaias. Sol a pino. Em outro momento, eu fervo, tu ferve, nós todos frevo. Estética do calor intenso. Movimento em coletividade, massa humana movediça.

Sinto no maracatu rural a força da tradição e a respeitabilidade de seus integrantes muito próximas às dos grupos de tradições gaúchas daqui do Rio Grande do Sul – porém sem a competição, o que muda radicalmente o clima e a função do fazer cultural (a competição também é cultura, claro), e com uma diferença gritante quanto ao respeito sobre gênero. Ver a maioria desses grupos tendo transexuais como personagens femininas me faz pensar quando se aceitará pessoas trans nos CTGs.

Na Bahia, recebi aulas de religião. Caíram muitas fichas sobre fé. O olhar do Dom Bosco, visto no outdoor na beira da BR que leva do aeroporto de Salvador até o Rio Vermelho, me causa empatia. Outros painéis mostram os artistas mercadológicos locais. O destaque do axé e das muitas vogais não me incomoda. Na mesma BR, vejo uma Nossa Senhora Auxiliadora. Serão sinais de uma colonização apostólica romana? Tons salesianos me recebem, querendo mostrar familiaridade. Ainda nesse momento, cala-se o som dos tambores que ainda não vi. Em frente, avisto um templo gigante com uma enorme escadaria. Universal ou mundial do poder de deus, não do Bonfim. Pero tão lotada quanto. Lavam-se os degraus ou os dinheiros?

Onde olho, vejo sereias com espelhos e ouço relatos de músicas feitas para Janaína. Espelhos que refletem o sol e o sul, reverberações deste Nordeste inventado e tanto quanto o Sul estereotipado, cuja multiplicidade não se aborda em livros ou em expressões homogeneizantes que envolvem políticas e interesses – é tudo construído. Santos, santos, santos, somados a quadros de mulheres nuas. Terreiro de Jesus. Bahia de todos os santos – todos! Território ecumênico de coabitantes sincretismos. Que aula de tolerância!

Outras lições da Bahia são sobre apropriação cultural. Para as baianas profissionais das trancinhas, o conceito pode ser outro. Querem me ver trançada. Me oferecem, simpáticas. Repenso se a discussão não se enquadra somente em um discurso intelectual de classe média, apesar de respeitar os símbolos e não aderir a esses adereços, assim como aos turbantes. A cada esquina há uma oportunidade de consumo, e de trabalho. E há comercialização de elementos caros à construção de identidades por necessidade de sobrevivência. Me toca o relato da presidente da associação das fazedoras de tapioca no Recife e o "viver da goma". Penso sobre de que viver. Qual matéria-prima nos sustenta?

Houve classes fortes de literatura e música. Compreendi que a obra de Jorge Amado muitas vezes se resolve no plano dos sonhos dos personagens. Confirma o pensar sobre a função dos romances de transmutar planos astrais e metafísicos. Realismo mágico ou fantástico. Acho que também saquei a escolha dos acordes e o uso das dissonâncias do Caymmi a partir de agora. Eles atuam como fractais sonoros de mar, em um caleidoscópio de choques tonais que traduz estar em meio ao desconhecido e gigante oceano. Eles são como um retrato sonoro que capta as vilas e a vida dos pescadores, a dor de amores levados pelo mar, ou por Iemanjá. Recordo ter visto alguns desses vilarejos, localizados em cima de pedras e totalmente interligados ao ecossistema marítimo, e pensar sobre uma outra cosmovisão de mundo possível.

O conhecimento intuitivo das rabecas me leva a pensar em outras formas de aprendizagem. Algo que fica no limiar do ouvir e do sentir. Concluo que pensamos demais. Bloqueamos tudo que nosso pequeno cérebro não dá conta. Deixamos de pensar com o restante do corpo. Como somos racionais, dicotômicos e simplistas! A filosofia a partir do Iluminismo acho que explica. Preciso de um reforço nessa aula. "A fronteira entre realidade e magia é uma outra e não obedece aos padrões da racionalidade europeia", diz o escritor Mia Couto. Penso que a racionalização também nos tira a fé.

Agora volto aqui. Olho as fotos salvas no desktop de quando em vez. Tomo a lição toda. Saudade das cores. Pesquiso tudo que vi e não sabia. Penso no tempo e no curso da história, que admite ressignificações de acontecimentos como a expulsão dos holandeses pelos indígenas, negros e portugueses no século XIX. Hoje, esse evento é ressignificado ao haver uma holandesa como porta-estandarte de um dos principais maracatu nação do Brasil. Existem histórias reais que parecem estórias, e que estão em cartaz para quem tiver oportunidade de ver e medo de perder-se. Perder um pouco das certezas que se tem e dos sensos comuns. Deixar algo de si no caminho, mas trazer muito.

O MODUS OPERANDI DO SER ARTÍSTICO

O sistema é perfeito na lógica de fazer culpado quem tenta fugir dele. Comparo a sensação da prática de pagar boletos com a de criar uma melodia, ou um texto como este. Como musicista, professora e pesquisadora, tenho pensado: fazer atividades burocráticas dá uma maior sensação de paz do que fazer atividades criativas. Mas adianto: falsa ilusão. Curta saciedade.

É mais fácil mesmo evitar pensar, mas "não eras". Exercitar o conhecer é se desconstruir constantemente. Se desfazer para reconstruir alguns princípios estabelecidos pela autotradição – o que se estipulou para si através de sua vivência.

O sistema atual, de matriz normativa, capitalista e neoliberal, ocupa todas as frestas disponíveis para um possível respiro de nada mais do que: vida. No meio de tudo, falta tempo para pensar em como dizer e quando, no que foi dito e como, no que pode ser feito melhor e onde. O (re)pensar não tem vez nesta sociedade instantânea, espontânea – somente dentro dos papéis sociais esperados. A (des)culpa, sim, tem vez – mas não aquela do perdão.

Horários, prazos e obrigações versus fazer criativo – é antagônico. Aí compreendo os taoístas. Escrever sob prazos me dá um sentimento masoquista. É a sensação de ver o fogo correndo em um pavio prestes a explodir uma bomba. Como ser hedonista que sou, pergunto: por que é assim? Cadê o prazer das atividades artísticas? Por que tanto desconforto nos processos criativos? Por que tanta dúvida sobre o que deve ser feito e compartilhado?

Acho que isso se dá porque a arte não tá cabendo no contexto hegemônico. Nãotemespaço! Como falar em devaneios utópicos cotidianos em um mundo tão normativo? Um reflexo disso, hoje, é a arte ser vista como propaganda. Pessoas confundem fazer artístico com publicidade e vinculam a simples problematização à pregação.

A sociedade associal do cansaço precisa brincar (e dormir). O lugar para o lúdico está extinto, assim como o instinto. Artigo raro é a real espontaneidade. Fica difícil assim. Complicado ser artista desse jeito. Se o atual sistema tira as condições de sobrevivência por causa de gênero, raça e classe, o que ele dirá sobre modos diferentes de viver a própria vida, e sobre outra cosmovisão?

E se a arte for capaz de trazer um novo prisma, uma máscara de proteção contra um sistema que não nos valoriza enquanto humanos? O status quo quer que a gente não seja a gente. O que dizer, então, se a subjetividade é útil somente quando ligada à economia e quando o objetivo é transformar todos num produto, ou num CNPJ? "Olhamos o artista como marca", diz o presidente da Universal Music.

Somos servos voluntários até enquanto artistas, mas ainda acreditamos no nosso poder reflexivo – mesmo com todo déficit de atenção e lacunas na aprendizagem. Temos necessidade de brincar, criar, parar de só entreter. Entreter é não pensar. É fugir. É e n t o r p e c e r.

Liberto meus pensamentos em letras e notas, alivio como um gozo. Mas penso em ganhar dinheiro com eles – que promiscuidade! Afinal, precisamos viver. Mas também buscar por nós em meio a tanta criação dentro da caixinha. E a arte dá essa chance, até de renda. Performances de subjetividades (monetizadas, claro).

A sorte é que a gente é desobediente – e que teimosos que somos! Mesmo que digam, que pensem, que falem, e mesmo com todo o cenário negativo, a gente segue fazendo e sonhando (ando estudando como nunca) com nossa identidade terceiro-mundana, inglês meia-boca e pouca verba. Fazemos o que entendemos por arte com as nossas próprias mãos, por mais exóticos e neuróticos que sejamos. Esse é o mais perto que se pode chegar da liberdade.

parece uma gincana
uma parelha
um esperar o próximo episódio
mas é só a vida
uma fala
uma ação
uma centelha
bom para quem não queria tédio
mal para quem emoções emparelha

o resto é medo
respira e vai
agradece por estar fazendo
era esse o pouco que parecia tão muito
quando era estagnação
medo da crítica
medo da vida
medo de ser verdade
e não gostar
o que vou dizer para mim
se ver engano na certeza do passado?

segue-se o engano com gana
no mesmo segmento sedento
será que ao sermos algo se ganha?
prefiro ainda assim
nem que seja por estágio probatório – ser
para depois ser sorriso
ou um antigo retrato
e garantir:
amém por ter vivido isso

[coragem]

Como reativar a confiança[1]

Acordei de susto como quem se dá conta do tempo. Passaram-se anos! Desperto procurando motivos para seguir acreditando. Eu acho que ainda posso – ou melhor, devemos. Foram tantos acontecimentos ao longo do ano que quase uso reticências aqui. Não tem no mundo quem não tenha passado por umas ruins, do micro ao macro. Em retrospectiva, nas retrôs expectativas, alguns xeques e muitos mates.

É importante lembrar as dores inúteis, onde a preocupação apressada e ansiosa, quase irracional, dominou – sofrimento em vão. A vida como gincana, muitas coisas para fazer em pouco tempo. Precisamos parar com essa idiossincrasia de uma idiorritmia pessoal e respeitar o nosso próprio pulsar. A gente se atropela muito. Mas viver assusta mesmo. Talvez porque a vida é muito boa para desperdiçar, para ter que escolher entre algo, perder e ganhar. É pesado viver em meio a tantas possibilidades – mundo de opções, mundo de frustrações (opções limitadas dentro da bolha que lhe cabe, claro).

Devemos ficar atentos ao que tira a fé e não nos deixa seguir. Para virar a chave quando o desespero bater, é preciso disso lembrar e aproveitar os agoras, cada um em seu momento – é-só-

---

1 Texto publicado originalmente em 27 de dezembro de 2017, no Sul21.

-o-que-temos. Ter confiança nos olhos essenciais de vida. Precisamos relembrar as pessoas sobre o brincar e parar de endeusar a arte. Fatos como abrir mão do sagrado tempo para fins banais de capital pesam e cegam de uma visão holística das coisas, assim como desentendimentos causados por mudanças hormonais, falta de sol, de água ou de respirar só.

Relativizando as dificuldades numa virada otimista: quem nunca passou por uma crisezinha, não é mesmo? É só uma crise básica nas formações do inconsciente, boba! Crises míticas e estéticas, vida artificial, era de pós-verdades que fogem até das explicações tradicionais sociológicas, marxistas etc. Ciclinho bem de boas que começou em 1974, segundo Guattari (tipo ontem), "crises cíclicas do capitalismo" ou "guerra social mundial". Só isso, suave, quem nunca, né? Como disse uma amiga, teve em 1929, 1971, 1973, 1979, 1980 e lá vai. Em 2017 também #tátendo. "Mas não é participar de um otimismo deslumbrado o fato de acreditar que reviravoltas históricas consideráveis estão com encontro marcado para os próximos anos", disse também Guattari.

Assim, recordando um tutorial de "como ativar a confiança", com ares de autoajuda, e consequências de frases de efeito, escrevo como quem fala consigo (ou quem dá conselhos de como conseguir tocar essa marimba nos anos seguintes): lembrar de olhar para trás e ver coisas que não conseguíamos fazer e hoje fazemos; que não aceitávamos e hoje aceitamos; que não absorvíamos e hoje absorvemos. Não esquecer que a gente é mais feliz do que pensa, mas aprendeu a achar que não (precisamos pensar sobre a educação que ensina o medo). Botar fé nas nossas ideias. Recordar que a nossa tendência é ter pressa, sempre querer chegar, ter muitos véus nos olhos e ruídos incessantes nos ouvidos. Pensar em como as coisas não são só lineares-cartesianas-sincrônicas-etnocentradas, pois presenciamos um novo paradigma ético e estético. E lembrar de se olhar no espelho com a humildade de quem se aceita. Também é bonito reconhecer sua força. Amar ainda é legalizado.

Referência

GUATTARI, Félix; ROLNIK, Suely. *Micropolítica: cartografias do desejo*. Petrópolis: Vozes, 1996.

Posfácio

Este livro é o registro temporal de um pensar, através do diálogo com o lugar e com as pessoas ao redor, de forma reflexiva e também dissidente. Até o final da edição foram percebidos fatos e informações pertinentes ao tema que, apesar de adicionados quando possível, demonstraram a imensidão de referências e possibilidades para pensarmos a "cultura gaúcha". Tal fato demonstra como a liquidez destes nossos tempos, da mesma forma que nos inundam de informação, também mostram o amplo e profundo manancial que é a história, e revelam suas abordagens como uma fonte inesgotável. Há muito a ser descoberto nesses campos, águas e ares que simbolizam os pensares.

A pluriversalidade "da pampa", que é o reconhecimento de várias perspectivas, começa a se desvelar depois de um longo processo de histórias unívocas, o que, na longa linha do tempo e da existência humana, pode ser visto como ato recente. Toda expressão reflete seu entorno, e isso as análises formais, racionais e coloniais não poderão explicar. Não é sobre forma, há outra lente: é sobre movimento, processo. Depois de ouvir, é improvável o não ressoar. Depois de ver, é difícil o desver. Assim como a força da sinceridade. Como a potência e a impermanência da vida.

Como podemos perceber no decorrer deste livro, a institucionalização do gauchismo aconteceu a partir de um longo processo, intensificado nas últimas décadas pelas formas de produção da indústria cultural e formando um campo de disputas simbólicas bastante acirrado. Esses desenvolvimentos, muitas vezes alienantes, e objetivando o lucro, não levam os sujeitos sociais a refletir sobre as múltiplas camadas e significados implícitos. Sobre o tema, reforço a atenção à semiótica, aos signos e aos significados reproduzidos. Não podemos mais ignorar o que as imagens, gestos, vestimentas, temáticas e recortes estão informando.

Não saberemos como a ressignificação simbólica do gauchismo se dará na contemporaneidade, mas podemos prever que a mudança é inerente devido a todas as discussões sobre identidade, raça, gênero e classe social que se configuram em nosso tempo. Gostaria de atentar para a complexidade da questão e para a necessidade de revisões estruturais, não sendo suficientes projetos políticos superficiais e "homenagens" se não houver uma mudança basilar nas esferas culturais e de representação. O caminho possível para essa mudança, como sabemos, se dará a partir da educação e da informação de qualidade a todas as pessoas, por meio de um ensino consciente de formação do indivíduo, e não tecnicista, como temos observado. Para isso, precisamos de pessoas políticas engajadas com as pautas sociais e que sejam de fato representativas, através da designação de mulheres, pessoas negras, pessoas da classe trabalhadora, LGBTQIA+, pequenos agricultores rurais, docentes e todo tipo de pessoa que conheça de fato a realidade da maioria dos brasileiros. E que tenha empatia.

Ao longo deste livro, quis demonstrar como a "cultura gaúcha" foi compreendida a partir de inúmeras influências de vários povos, o que nos faz ver que precisamos superar definitivamente as ideias separatistas existentes no estado. Como disse Mercedes Sosa em entrevista coletiva no Festival Musicanto, na cidade de Santa Rosa, em 1984: "Nenhum povo se autoabastece em nada. Nem na comida, nem na arte. Todos os povos do mundo devem se abrir para todo o mundo, para escutar a música de todo o mundo". Os desafios deste período de crises políticas e sociais nos trazem a necessidade de novas rotas, tentativas de desvios do modo exploratório e fatalista. Em tempo de grandes deslocamentos e reformulações do sentido de nação, fica a pergunta: de que forma vamos entender as fronteiras com os dilemas migratórios batendo à nossa porta?

Para estes e muitos outros dilemas contemporâneos, nos cabe aprender com populações que resistiram mesmo estando subassistidas e à margem, sofrendo inúmeras tentativas de apagamento de sua história. Elas permanecem vivas e produtoras de conhecimento, contribuindo com modos de vida e expressões artísticas autênticas e genuínas.

É preciso que toda a sociedade gaúcha se comprometa com a erradicação do racismo, fruto de um longo processo de eugenia e políticas de branqueamento. É cada vez mais necessário o desenvolvimento de investigações e criações que abordem a expressividade das culturas locais negras. Sobre esse tema, gostaria de citar dois trabalhos literários: *A matriz da cultura negra no gauchismo*, organizado por Liliana Cardoso, declamadora e radialista negra, patrona da Semana Farroupilha de 2021, e *O sopapo contempo-*

râneo — Um elo com a ancestralidade, do Luthier José Batista (conhecido como Mestre Batista), ambos lançados em 2021. Também gostaria de destacar os estudos etnomusicológicos *Tamboreiros de Nação: Música e modernidade religiosa no extremo Sul do Brasil*, do professor Reginaldo Gil Braga, *Maçambiques, quicumbis e ensaios de promessa: musicalidades quilombolas do sul do Brasil*, da professora Luciana Prass, e a tese de doutorado *O sopapo e o cabobu: etnografia de uma tradição percussiva no extremo sul do Brasil*, do professor Mário Maia.

Como outras inspirações estéticas que poderão contribuir para quem, assim como eu, busca referências intelectuais e artísticas por estes pagos, gostaria de destacar o trabalho realizado pelos artistas plásticos rio-grandenses Fernando Baril, Vasco Prado, Maria Lídia Magliani, Alfredo Nicolaiewsky e "os quatro de Bagé" Glênio Bianchetti, Glauco Rodrigues, Carlos Scliar e Danúbio Gonçalves. Com suas criações, todos trouxeram de forma maturada e consciente as questões simbólicas de representação do gauchismo. Na música, gostaria de reverenciar Giba Giba, Luiz Wagner, Jeanette, Berenice Azambuja, Mary Terezinha, Saracura, Cheiro de Vida, Raiz de Pedra, Almôndegas, Pentagrama, Tambo do Bando, Ana Mazzotti e Vitor Ramil, citando muito brevemente tantas sonoridades que dialogam com este lugar.

O som das ondas começa a ser ouvido no "oceano de silêncio" (Michele Perrot) do passado das mulheres, e quantas possibilidades de ser e pertencer se evidenciam a partir de então, como a consciência de nossos direitos depois de séculos da normatização de abusos, violências, opressões e impedimentos. Seria bom superarmos a representação da "mulher gaúcha" como um "patrimônio do estado". Ao conhecermos histórias ocultas, muito pode ser elucidado sobre a potência dessas narrativas e do conhecimento adquirido e transmitido de geração em geração. Entre as criações artísticas de mulheres, gostaria de destacar o trabalho na poesia das gaúchas Marília Kosby, Angélica Freitas e Juliana Flor, e, na música, o Projeto Ialodê, que celebra as vozes das cantoras negras Loma, Marietti Fialho, Nina Fola e Glau Barros.

Concluo agradecendo mais uma vez a todas as pessoas que estiveram envolvidas nesta publicação e a todas que se dispuseram a fazer esta leitura. Escrever é como arar um pensamento. É regar, cuidar, comprometer-se com a semente. A colheita se dá no diálogo, na escuta, na abertura à rotação de culturas.

"Cultura", essa palavra tão aplicada! Que possamos percebê-la como uma planta que dá em determinado lugar, sendo natural que as sementes viagem polinizadas, como poetizou o grandíssimo Erico Verissimo, pelo "tempo e o vento".

Clarissa Ferreira

Violinista, etnomusicóloga, pesquisadora e compositora do Rio Grande do Sul. Bacharela em violino (UFPEL), mestra (UFRGS) e doutora (UNIRIO) em Etnomusicologia, pós-graduanda em Arteterapia. Musicista de formação violinística eurocêntrica que se desgarrou para buscar outras formas de compreender seu instrumento. Nesses caminhos atuou na música regional por cerca de dez anos, em grupos musicais de Centro de Tradições Gaúchas, produções fonográficas e festivais. Do contato com a cultura gaúcha veio as indagações que levou para suas pesquisas acadêmicas, que ocasionou a criação do Gauchismo Líquido em 2014, trazendo conteúdos em texto, vídeos e podcast, uma dissertação de mestrado neste mesmo ano intitulada "Campeirismo musical e os festivais de música nativista do sul do Brasil : a (pós) modernidade (re)construindo o 'gaúcho de verdade'" e uma tese de doutorado em julho de 2018 com o título "'Toca um jazz no galpão': a construção de identidades profissionais e musicais na música independente contemporânea do Rio Grande Do Sul".

Alia seu trabalho autoral em música com pesquisa, abordando questões que repensam o regionalismo gaúcho nos espaços sociais e na geografia local, desenvolvendo-o a partir da apropriação e investigação dos elementos simbólicos e códigos sonoros ligados ao regionalismo gaúcho. O machismo na cultura popular gaúcha e ampla relação "naturezacultura" são alguns dos temas presentes nas letras das canções. Possui quatro singles lançados e no momento de lançamento desse livro está produzindo seu primeiro disco que se chamará LaVaca. É criadora e educadora da escola online Oficina de Compositoras.

Este livro foi composto com as fonte tipográfica
Fanwood Text 11/14pt e impresso em papel pólen bold
90g/m² pela gráfica Pallotti no pampa gaúcho para a
Editora Coragem, no inverno de 2024.